中华人民共和国
劳动法

问答普及版

中国法治出版社

编辑说明

《中华人民共和国劳动法》(以下简称《劳动法》)是一部全面系统规范劳动关系、规范劳动用工行为的基础性、综合性法律,在保护劳动者合法权益、调整劳动关系等方面发挥了重要作用。《劳动法》共13章、107条,既规定劳动者享有平等就业和选择职业、取得劳动报酬、休息休假、获得劳动安全卫生保护、接受职业技能培训、享受社会保险和福利、提请劳动争议处理等权利,也规定了劳动者应当完成劳动任务,提高职业技能、执行劳动安全卫生规程、遵守劳动纪律和职业道德等。为了普及劳动者权益保障方面的知识,帮助广大人民群众学习《劳动法》,我们特编写了本书。

本书主要包含以下内容:

1. **《劳动法》条文、条旨**。条文内容采用双色印刷,以提升读者阅读体验,并且每条均有精练的条旨,可以帮助读者快速了解、检索法条内容。

2. **普法问答**。本书精选了一些与《劳动法》条文相关联的知识点并加工成问答形式,旨在帮助读者更好地学习理解法律条文。

3. **关联规定**。本书在法条下方标注相关联的法律、法规名称及条文序号,方便读者查找关联内容,进一步学习相关的法律、法规规定。

4. **典型案例**。本书收录了一些与劳动者权益保障相关的典型案例,帮助广大读者通过案例进一步了解法律的核心要义。

目 录

中华人民共和国劳动法 …………………………… 1
 （2018 年 12 月 29 日）
 第一章　总　　则 …………………………………… 2
  第一条　【立法宗旨】 ……………………………… 2
  第二条　【适用范围】 ……………………………… 2
   用人单位设立的分支机构未取得营业执照，可以与劳动者订立劳动合同吗？ ………………………… 3
  第三条　【劳动者的权利和义务】 ………………… 3
   1. 劳动者享有哪些职业卫生保护权利？ ……………… 4
   2. 如何推动践行职业道德基本规范？ ………………… 4
  第四条　【用人单位规章制度】 …………………… 5
   用人单位建立和完善劳动规章制度时，需要征求工会或者职工的意见吗？ …………………………… 5
  第五条　【国家发展劳动事业】 …………………… 6
   1. 我国职业学校教育分为哪几种？ …………………… 6
   2. 我国职业培训包括哪几种？ ………………………… 7
  第六条　【国家的倡导、鼓励和奖励政策】 ……… 7
   1. 国家鼓励企业开展哪些科技创新活动？ …………… 7
   2. 国家最高科学技术奖授予条件是什么？ …………… 8
   3. 国家自然科学奖授予条件是什么？ ………………… 8

  4. 国家技术发明奖授予条件是什么？ …………………… 9

  5. 国家科学技术进步奖授予条件是什么？ ………………… 9

第 七 条　【工会的组织和权利】 …………………………… 10

  1. 职工参加工会的条件是什么？ …………………………… 10

  2. 工会的基本职责是什么？ ………………………………… 10

  3. 企业、事业单位、社会组织有哪些侵犯职工劳动权
   益情形时，工会可以要求其改正？ ……………………… 11

  4. 工会对用人单位的哪些情况实施监督？ ………………… 11

  5. 工会重点监督用人单位哪些问题？ ……………………… 12

第 八 条　【劳动者参与民主管理和平等协商】 …………… 13

  1. 企业召开职工代表大会的，职工代表人数如何确定？ … 13

  2. 职工代表大会的代表组成是怎样的？ …………………… 13

  3. 职工代表大会行使哪些职权？ …………………………… 14

  4. 企业工会委员会履行的职责有哪些？ …………………… 15

第 九 条　【劳动行政部门设置】 …………………………… 16

第二章　促 进 就 业 ……………………………………… 17

第 十 条　【国家促进就业政策】 …………………………… 17

  国家对哪些企业、人员依法给予税收优惠？ ……………… 17

第十一条　【地方政府促进就业的措施】 …………………… 18

  1. 公共就业服务机构应当免费为劳动者提供哪些服务？ … 18

  2. 设立职业中介机构应当具备什么条件？ ………………… 18

  3. 申请设立职业中介机构，应当向劳动保障行政部门
   提交哪些文件？ …………………………………………… 19

第十二条　【就业平等原则】 ………………………………… 19

第十三条　【妇女享有与男子平等的就业权利】 …………… 20

  用人单位在招录（聘）过程中，不得实施哪些行为？ …… 20

第十四条 【特殊就业群体的就业保护】 ………… 21
 1. 中国残疾人联合会及残疾人就业服务机构应当为残疾人就业提供哪些服务？ ………… 21
 2. 军士和义务兵退出现役，由安置地人民政府安排工作的条件是什么？ ………… 22
第十五条 【禁止招用未成年工】 ………… 22
 1. 用人单位使用童工的，会受到什么处罚？ ………… 23
 2. 为不满16周岁的未成年人介绍就业的，会受到什么处罚？ ………… 23

第三章　劳动合同和集体合同 ………… 25

第十六条 【劳动合同的概念】 ………… 25
 职工名册应当包括哪些内容？ ………… 25
第十七条 【订立和变更劳动合同的原则】 ………… 26
 变更劳动合同可以采用口头形式吗？ ………… 26
第十八条 【无效劳动合同】 ………… 27
 劳动合同无效后劳动报酬数额如何确定？ ………… 27
第十九条 【劳动合同的形式和内容】 ………… 27
 1. 劳动合同对劳动报酬和劳动条件等标准约定不明确的，如何解决？ ………… 28
 2. 用人单位不与劳动者订立书面劳动合同的，会有什么法律后果？ ………… 28
第二十条 【劳动合同的期限】 ………… 29
第二十一条 【试用期条款】 ………… 29
 用人单位与劳动者如何约定试用期？ ………… 30
第二十二条 【保守商业秘密之约定】 ………… 30
 竞业限制的范围和期限是什么？ ………… 30

第二十三条 【劳动合同的终止】 …………… 31
  劳动合同终止的情形有哪些? …………… 32
第二十四条 【劳动合同的合意解除】 …………… 32
第二十五条 【过失性辞退】 …………… 33
第二十六条 【非过失性辞退】 …………… 33
  企业职工因患病或非因工负伤,需要停止工作医疗
  时,医疗期是多久? …………… 34
第二十七条 【用人单位经济性裁员】 …………… 34
  1. 经济性裁员的情形有哪些? …………… 35
  2. 裁减人员时,应当优先留用哪些人员? …………… 35
第二十八条 【用人单位解除劳动合同的经济补偿】 …… 36
  1. 什么情形下,用人单位应当向劳动者支付经济补偿? …… 36
  2. 劳动派遣单位向被派遣劳动者支付经济补偿的情形
  是什么? …………… 37
第二十九条 【用人单位不得解除劳动合同的情形】 …… 38
  什么情形下,用人单位不得解除劳动合同? …………… 38
第 三 十 条 【工会对用人单位解除劳动合同的监
  督权】 …………… 39
  在劳动合同解除过程中,工会如何发挥监督作用? ……… 39
第三十一条 【劳动者单方解除劳动合同】 …………… 40
第三十二条 【劳动者随时解除劳动合同的情形】 …… 40
  什么情形下,劳动者可以与用人单位解除劳动合同? …… 41
第三十三条 【集体合同的内容和签订程序】 …………… 42
  1. 什么是集体合同? …………… 42
  2. 集体合同如何订立、变更、解除和终止? …………… 43
第三十四条 【集体合同的审查】 …………… 44

1. 集体合同何时生效? …………………………… 44
  2. 什么是集体合同的审查? …………………… 44

  第三十五条 【集体合同的效力】 …………… 46
  集体合同中劳动报酬、劳动条件等标准是什么? ……… 46

第四章 工作时间和休息休假 …………………………… 47

  第三十六条 【标准工作时间】 …………………… 47
  第三十七条 【计件工作时间】 …………………… 47
  第三十八条 【劳动者的周休日】 ………………… 47
  第三十九条 【其他工时制度】 …………………… 47
  什么情形下,企业可以实行不定时工作制? …………… 48

  第 四 十 条 【法定休假节日】 …………………… 48
  公民放假的节日及纪念日有哪些? ……………………… 49

  第四十一条 【延长工作时间】 …………………… 49
  用人单位安排加班应当遵守哪些规定? ………………… 50

  第四十二条 【特殊情况下的延长工作时间】 …… 50
  第四十三条 【用人单位延长工作时间的禁止】 … 51
  第四十四条 【延长工作时间的工资支付】 ……… 51
  劳动者如何主张加班费? ………………………………… 51

  第四十五条 【年休假制度】 ……………………… 52
  1. 什么是带薪年休假? …………………………… 52
  2. 什么情形下,职工不享受当年的年休假? …… 52
  3. 对未休年休假该如何处理? …………………… 53

第五章 工 资 …………………………………………… 54

  第四十六条 【工资分配基本原则】 ……………… 54
  1. 工资总额由哪些部分组成? …………………… 54
  2. 工资总额不包括的项目有哪些? ……………… 55

第四十七条 【用人单位自主确定工资分配】 …… 56

第四十八条 【最低工资保障】 …… 57
    1. 什么是最低工资标准？ …… 57
    2. 哪些情形下的工资不属于最低劳动报酬的范围？ …… 57

第四十九条 【确定和调整最低工资标准的因素】 …… 58
    如何制定最低工资标准的确定和调整方案？ …… 58

第 五 十 条 【工资支付形式和不得克扣、拖欠工资】 … 59
    农民工工资支付形式是什么？ …… 59

第五十一条 【法定休假日等的工资支付】 …… 60

第六章 劳动安全卫生 …… 61

第五十二条 【劳动安全卫生制度的建立】 …… 61
    生产经营单位应当进行安全培训的从业人员有哪些？ …… 61

第五十三条 【劳动安全卫生设施】 …… 62
    产生职业病危害的用人单位，其工作场所应当符合
    哪些职业卫生要求？ …… 62

第五十四条 【用人单位的劳动保护义务】 …… 63
    1. 职业健康检查包含哪些类型？ …… 63
    2. 用人单位使用有毒物品作业场所须符合什么要求？ …… 64

第五十五条 【特种作业的上岗要求】 …… 64
    如何对特种作业人员进行安全技术培训？ …… 64

第五十六条 【劳动者在安全生产中的权利和义务】 …… 65
    1. 用人单位违章指挥、强令冒险作业危及劳动者人身
    安全的，要承担什么后果？ …… 65
    2. 劳动者享有哪些职业卫生保护权利？ …… 66

第五十七条 【伤亡事故和职业病的统计、报告和
    处理】 …… 66

1. 生产经营单位发生生产安全事故后，应如何处理？ …… 67
2. 用人单位发现职业病病人时，应如何报告？ ……… 67

第七章 女职工和未成年工特殊保护 …… 68

第五十八条 【女职工和未成年工的特殊劳动保护】 …… 68

1. 女职工孕期享受什么待遇？ ……………………… 68
2. 招用已满 16 周岁未成年人的单位和个人，应当遵守什么规定？ …………………………………… 68

第五十九条 【女职工禁忌从事的劳动范围】 ……… 69

女职工禁忌从事的劳动有哪些？ …………………… 69

第 六 十 条 【女职工经期的保护】 ………………… 70

女职工在经期禁忌从事哪些劳动？ ………………… 70

第六十一条 【女职工孕期的保护】 ………………… 70

女职工在孕期禁忌从事哪些劳动？ ………………… 71

第六十二条 【女职工产期的保护】 ………………… 72

国家对女职工生育享受的产假具体是如何规定的？ ……… 72

第六十三条 【女职工哺乳期的保护】 ……………… 73

1. 女职工在哺乳期享受什么待遇？ ………………… 73
2. 女职工在哺乳期禁忌从事哪些劳动？ …………… 73

第六十四条 【未成年工禁忌从事的劳动范围】 …… 74

雇用童工可能会受到什么刑事处罚？ ……………… 74

第六十五条 【未成年工定期健康检查】 …………… 75

用人单位对未成年工定期进行健康检查应符合什么要求？ ……………………………………………… 75

第八章 职 业 培 训 ……………………………… 76

第六十六条 【国家发展职业培训事业】 …………… 76

职业培训包括哪些内容？谁可以开展职业培训？ ……… 76

第六十七条	【各级政府的职责】	77
第六十八条	【用人单位建立职业培训制度】	77
第六十九条	【职业技能资格】	77

第九章　社会保险和福利 ... 79

第 七 十 条　【社会保险制度】 ... 79
　　1. 基本养老保险费的征缴范围是什么? ... 79
　　2. 基本医疗保险费的征缴范围是什么? ... 79
　　3. 工伤保险费的征缴范围是什么? ... 80
　　4. 失业保险费的征缴范围是什么? ... 80

第七十一条　【社会保险水平】 ... 80

第七十二条　【社会保险基金】 ... 81
　　1. 用人单位与劳动者约定或者劳动者向用人单位承诺无需缴纳社会保险费,该约定或者承诺有效吗? 有什么后果? ... 81
　　2. 被派遣劳动者如何参加社会保险? ... 81

第七十三条　【享受社会保险待遇的条件和标准】 ... 82
　　1. 参加基本养老保险的个人,按月领取基本养老金需满足什么条件? ... 83
　　2. 在什么情形下,应当认定为工伤? ... 83
　　3. 在什么情形下,视同工伤? ... 84
　　4. 失业人员从失业保险基金中领取失业保险金,需要符合什么条件? ... 84

第七十四条　【社会保险基金管理】 ... 85
　　养老基金投资应符合哪些要求? ... 85

第七十五条　【补充保险和个人储蓄性保险】 ... 86
　　1. 什么是企业年金? ... 86

2. 什么是个人养老金？ ……………………………… 86
　　3. 个人养老金的缴费额度是多少？ ………………… 87
　第七十六条　【职工福利】 ……………………………… 87
第十章　劳动争议 …………………………………………… 88
　第七十七条　【劳动争议的解决途径】 ………………… 88
　　1. 属于劳动争议的纠纷有哪些？ …………………… 88
　　2. 哪些纠纷不属于劳动争议？ ……………………… 89
　　3. 发生劳动争议，当事人可以到哪些调解组织申请调解？ ……………………………………………… 90
　第七十八条　【劳动争议的处理原则】 ………………… 90
　第七十九条　【劳动争议的调解、仲裁和诉讼的相互关系】 ……………………………………………… 90
　　1. 哪些劳动争议可以适用《劳动争议调解仲裁法》申请调解或仲裁？ ………………………………… 91
　　2. 劳动争议仲裁机构以无管辖权为由对劳动争议案件不予受理，当事人提起诉讼的，法院如何处理？ ……… 91
　第八十条　【劳动争议的调解】 ………………………… 92
　　什么情形下，当事人达成的调解协议可以向法院申请司法确认？ ……………………………………… 92
　第八十一条　【劳动争议仲裁委员会的组成】 ………… 93
　第八十二条　【劳动争议仲裁的程序】 ………………… 93
　　1. 劳动争议申请仲裁的时效期间是多久？ ………… 93
　　2. 当事人在仲裁期间因自身原因未提出仲裁时效抗辩，可以在一审或者二审诉讼期间提出仲裁时效抗辩吗？ ……………………………………………… 94

第八十三条 【仲裁裁决的效力】 95
  1. 哪些劳动争议的仲裁裁决不是终局裁决？ 95
  2. 劳动者对不是终局裁决的仲裁裁决不服的，应当在什么期限内提起诉讼？ 95
  3. 什么情形下，用人单位可以向法院申请撤销裁决？ 95
  4. 当事人对终局裁决的仲裁裁决不服的，可以在什么期限内提起诉讼？ 96
  5. 仲裁裁决书未载明是否为终局裁决，用人单位不服该仲裁裁决向基层人民法院提起诉讼的，法院应当受理吗？ 96

第八十四条 【集体合同争议的处理】 97

第十一章 监督检查 98

第八十五条 【劳动行政部门的监督检查】 98
  县级以上地方人民政府劳动行政部门依法对哪些实施劳动合同制度的情况进行监督检查？ 98

第八十六条 【劳动监察机构的监督程序】 99
  县级以上地方人民政府劳动行政部门实施监督检查时，可以检查哪些材料和场所？ 99

第八十七条 【政府有关部门的监督】 100

第八十八条 【工会监督、社会监督】 100

第十二章 法律责任 101

第八十九条 【劳动规章制度违法的法律责任】 101

第 九十 条 【违法延长工时的法律责任】 101

第九十一条 【用人单位侵权的民事责任】 101
  1. 用人单位逃避支付劳动者的劳动报酬或者有能力支付而不支付劳动者的劳动报酬，可能会承担什么刑事责任？ 102

2. 哪些情形应当认定为"以转移财产、逃匿等方法逃避支付劳动者的劳动报酬"？ ………… 102
3. 用人单位有哪些情形，迫使劳动者提出解除劳动合同的，应当支付劳动者的劳动报酬和经济补偿，并可支付赔偿金？ ………………………………… 103

第九十二条 【用人单位违反劳动安全卫生规定的法律责任】 …………………………………… 104

1. 在生产、作业中违反有关安全管理的规定，因而发生重大伤亡事故或者造成其他严重后果的，将承担什么刑事责任？ ………………………………… 104
2. 在生产、作业中违反有关安全管理的规定，有哪些情形，具有发生重大伤亡事故或者其他严重后果的现实危险的，构成危险作业罪？ …………… 104
3. 安全生产设施或者安全生产条件不符合国家规定，因而发生重大伤亡事故或者造成其他严重后果的，直接负责的主管人员和其他直接责任人员将承担什么刑事责任？ ………………………………… 105
4. 在安全事故发生后，负有报告职责的人员不报或者谎报事故情况，贻误事故抢救，情节严重的，将承担什么刑事责任？ ………………………………… 105

第九十三条 【强令劳动者违章冒险作业的法律责任】 … 106
强令他人违章冒险作业，或者明知存在重大事故隐患而不排除，仍冒险组织作业，因而发生重大伤亡事故或者造成其他严重后果的，将承担什么刑事责任？ ………… 106

第九十四条 【用人单位非法招用未成年工的法律责任】 …………………………………… 107

1. 哪些场所不得招用已满16周岁的未成年人？ 107
2. 违反《未成年人保护法》规定非法招用未满16周岁的未成年人的，应当承担什么行政处罚？ 107

第九十五条 【违反女职工和未成年工保护规定的法律责任】 108

1. 用人单位不得实施哪些以性别为由拒绝录（聘）用妇女或者差别化地提高对妇女录（聘）用标准的行为？ 108
2. 招用已满16周岁未成年人未按规定进行劳动保护的，应当承担什么行政处罚？ 108

第九十六条 【侵犯劳动者人身自由的法律责任】 109

以暴力、威胁或者限制人身自由的方法强迫他人劳动的，将承担什么刑事责任？ 110

第九十七条 【订立无效合同的民事责任】 110

1. 劳动合同被确认无效，劳动者已付出劳动的，用人单位应当向劳动者支付劳动报酬吗？ 110
2. 劳动合同被确认无效，用人单位应当如何向劳动者支付经济补偿和经济损失？ 111

第九十八条 【违法解除或故意拖延不订立劳动合同的法律责任】 112

1. 用人单位违法故意拖延不订立劳动合同的，应当如何承担赔偿责任？ 112
2. 劳动合同因用人单位的原因被确认无效的，应当如何承担赔偿责任？ 112

第九十九条 【招用尚未解除劳动合同者的法律责任】 113

1. 非全日制用工的劳动者可以与多个用人单位订立劳动合同吗？ ······ 113
2. 用人单位招用与其他用人单位尚未解除或者终止劳动合同的劳动者，给其他用人单位造成损失的，应当承担赔偿责任吗？ ······ 113
3. 劳动者被多个存在关联关系的单位交替或者同时用工，如何确认劳动关系？ ······ 114

第 一 百 条　【用人单位不缴纳社会保险费的法律责任】 ······ 114

第一百零一条　【阻挠监督检查、打击报复举报人员的法律责任】 ······ 115

1. 用人单位向社会保险经办机构申报应缴纳的社会保险费数额时，瞒报工资总额或者职工人数的，应当承担什么责任？ ······ 115
2. 骗取社会保险待遇或者骗取社会保险基金支出的，应当承担什么责任？ ······ 115

第一百零二条　【劳动者的赔偿责任】 ······ 116

1. 劳动者未知悉、接触用人单位的商业秘密和与知识产权相关的保密事项，或者其知悉、接触的商业秘密和与知识产权相关的保密事项与竞业限制条款约定的内容不相适应的，可以请求确认竞业限制条款无效或者部分无效吗？ ······ 116
2. 用人单位与高级管理人员、高级技术人员和其他负有保密义务的人员约定在职期间竞业限制条款，劳动者可以请求确认竞业限制条款无效吗？ ······ 116

第一百零三条　【渎职的法律责任】 ······ 117

滥用职权、玩忽职守、徇私舞弊构成犯罪的，如何追究刑事责任？ ……………………………………………… 117

第一百零四条　【挪用社会保险基金的法律责任】 ……… 118
什么是挪用公款罪？ …………………………………… 118

第一百零五条　【其他法律、行政法规的处罚适用】 …… 118

第十三章　附　则 ……………………………………… 119

第一百零六条　【省级人民政府实施步骤的制定和备案】 ……………………………………………… 119

第一百零七条　【施行时间】 ………………………… 119

附：

相关规定

中华人民共和国劳动合同法 ……………………………… 120
（2012年12月28日）

中华人民共和国劳动合同法实施条例 …………………… 143
（2008年9月18日）

中华人民共和国劳动争议调解仲裁法 …………………… 151
（2007年12月29日）

最高人民法院关于审理劳动争议案件适用法律问题的解释（一） …………………………………………… 162
（2020年12月29日）

最高人民法院关于审理劳动争议案件适用法律问题的解释（二） …………………………………………… 175
（2025年7月31日）

典型案例

一、用人单位不能通过订立承包合同规避劳动关系
　　——某高纤公司与崔某劳动合同纠纷案……………… 181
二、劳动者对于是否订立无固定期限劳动合同具有单
　　方选择权
　　——张某与某公交公司劳动合同纠纷案……………… 182
三、竞业限制协议不能限制非负有保密义务的劳动者
　　的自主择业权
　　——某公司与李某竞业限制纠纷案…………………… 184
四、劳动者的配偶投资、经营与劳动者原用人单位存
　　在竞争关系的企业属于违反竞业限制的行为
　　——张某与某体育公司劳动争议案…………………… 186
五、研发人员辞职后拒不交接工作给用人单位造成损
　　失的，应承担赔偿责任
　　——某公司与李某劳动争议案………………………… 188
六、男职工在妻子生育子女后依法享受护理假
　　——李某与某服饰公司劳动争议案…………………… 189
七、转承包建设工程的个人招用的劳动者被认定工伤
　　后，承包人负有支付工伤保险待遇的责任
　　——某建筑公司与张某工伤保险待遇纠纷案………… 190
八、关联企业混同用工，人民法院可根据劳动者主张
　　并结合案情认定劳动关系
　　——王某与某数字公司劳动合同纠纷案……………… 192
九、劳动者故意不订立书面劳动合同，用人单位不负
　　有支付二倍工资的责任
　　——冉某与某宾馆、某农旅公司劳动争议案………… 194

十、劳动者负有的竞业限制义务应与其知悉的商业秘密和与知识产权相关的保密事项范围相适应
　　——某甲医药公司与郑某竞业限制纠纷案 …………… 195

十一、劳动者违反在职竞业限制义务约定，应依法承担违约责任
　　——黄某与某纺织公司竞业限制纠纷案 …………… 197

十二、有关不缴纳社会保险费的约定无效，劳动者以此为由解除劳动合同时有权请求用人单位支付经济补偿
　　——朱某与某保安公司劳动争议案 ……………… 199

十三、企业与网约货车司机之间存在用工事实、构成支配性劳动管理的，应当认定存在劳动关系
　　——某运输公司诉杨某劳动争议案 ……………… 200

十四、是否属于新就业形态相关责任保险中的"业务有关工作"，应当依据具体理赔情形，结合相关行为对于完成业务工作的必要性等因素综合审查认定
　　——某餐饮配送公司诉某保险公司责任保险合同纠纷案 …………………………………………… 202

十五、劳动者获得新就业形态人员职业伤害保障待遇后，有权请求第三人依法承担侵权责任
　　——冯某诉某物业公司身体权纠纷案 …………… 204

十六、新就业形态劳动者执行工作任务致人损害，相关商业保险属责任保险的，受害人可以依法在侵权责任纠纷中一并向保险人主张赔付
　　——陈某诉张某、某物流公司、某保险公司等非机动车交通事故责任纠纷案 ………………… 207

十七、工伤职工能否根据诊断证明书主张延长停工留
　　　薪期 …………………………………………… 209
十八、用人单位能否因女职工怀孕调岗降薪 …………… 211
十九、病亡职工的遗属能否以未依法缴纳社会保险费
　　　为由要求用人单位补足抚恤金 ………………… 213
二十、劳动者自行承担用人单位应缴未缴的社会保险
　　　费的，用人单位应否承担赔偿责任 ……………… 215
二十一、主体不适格，竞业限制条款是否有效 ………… 216

中华人民共和国劳动法

（1994年7月5日第八届全国人民代表大会常务委员会第八次会议通过　根据2009年8月27日第十一届全国人民代表大会常务委员会第十次会议《关于修改部分法律的决定》第一次修正　根据2018年12月29日第十三届全国人民代表大会常务委员会第七次会议《关于修改〈中华人民共和国劳动法〉等七部法律的决定》第二次修正）

目　　录

第一章　总　　则
第二章　促进就业
第三章　劳动合同和集体合同
第四章　工作时间和休息休假
第五章　工　　资
第六章　劳动安全卫生
第七章　女职工和未成年工特殊保护
第八章　职业培训
第九章　社会保险和福利
第十章　劳动争议
第十一章　监督检查
第十二章　法律责任
第十三章　附　　则

第一章 总 则

第一条 立法宗旨[①]

为了保护劳动者的合法权益,调整劳动关系,建立和维护适应社会主义市场经济的劳动制度,促进经济发展和社会进步,根据宪法,制定本法。

关联规定

《中华人民共和国宪法》(以下简称《宪法》)第6条、第42条

第二条 适用范围

在中华人民共和国境内的企业、个体经济组织(以下统称用人单位)和与之形成劳动关系的劳动者,适用本法。

国家机关、事业组织、社会团体和与之建立劳动合同关系的劳动者,依照本法执行。

[①] 条文主旨为编者所加,仅供读者参考检索,下同。

普法问答

用人单位设立的分支机构未取得营业执照，可以与劳动者订立劳动合同吗？

《中华人民共和国劳动合同法实施条例》（以下简称《劳动合同法实施条例》）第4条规定，劳动合同法规定的用人单位设立的分支机构，依法取得营业执照或者登记证书的，可以作为用人单位与劳动者订立劳动合同；未依法取得营业执照或者登记证书的，受用人单位委托可以与劳动者订立劳动合同。

关联规定

《中华人民共和国劳动合同法》（以下简称《劳动合同法》）第2条、第96条；《劳动合同法实施条例》第3—4条；《最高人民法院关于审理劳动争议案件适用法律问题的解释（一）》第1—3条

第三条　劳动者的权利和义务

> 劳动者享有平等就业和选择职业的权利、取得劳动报酬的权利、休息休假的权利、获得劳动安全卫生保护的权利、接受职业技能培训的权利、享受社会保险和福利的权利、提请劳动争议处理的权利以及法律规定的其他劳动权利。
>
> 劳动者应当完成劳动任务，提高职业技能，执行劳动安全卫生规程，遵守劳动纪律和职业道德。

普法问答

1. 劳动者享有哪些职业卫生保护权利？

《中华人民共和国职业病防治法》（以下简称《职业病防治法》）第39条规定，劳动者享有下列职业卫生保护权利：

（1）获得职业卫生教育、培训；

（2）获得职业健康检查、职业病诊疗、康复等职业病防治服务；

（3）了解工作场所产生或者可能产生的职业病危害因素、危害后果和应当采取的职业病防护措施；

（4）要求用人单位提供符合防治职业病要求的职业病防护设施和个人使用的职业病防护用品，改善工作条件；

（5）对违反职业病防治法律、法规以及危及生命健康的行为提出批评、检举和控告；

（6）拒绝违章指挥和强令进行没有职业病防护措施的作业；

（7）参与用人单位职业卫生工作的民主管理，对职业病防治工作提出意见和建议。

用人单位应当保障劳动者行使前款所列权利。因劳动者依法行使正当权利而降低其工资、福利等待遇或者解除、终止与其订立的劳动合同的，其行为无效。

2. 如何推动践行职业道德基本规范？

《新时代职业道德建设实施纲要》指出，大力倡导以爱岗敬业、诚实守信、办事公道、热情服务、奉献社会为主要内容的职业道德基本规范，使之融入人们日常工作生活，转化为广大从业者的自觉行动。以弘扬劳动精神、敬业精神、奋斗精神、服务精神、奉献精神、创造精神、勤俭节约精神为重点，广泛开展职业道德宣传教育和主题实践活动。结合经济社会发展要求推进职业道德建设，将职业道德基本规范贯穿职业活动全过程各环节，推动形成尊崇职业道德的政策导向和社会环境。

关联规定

《宪法》第42—44条；《劳动合同法》第1条；《中华人民共和国民法典》（以下简称《民法典》）第4条、第1057条；《职业病防治法》；《中华人民共和国社会保险法》（以下简称《社会保险法》）；《中华人民共和国劳动争议调解仲裁法》（以下简称《劳动争议调解仲裁法》）；《新时代职业道德建设实施纲要》

第四条 用人单位规章制度

> 用人单位应当依法建立和完善规章制度，保障劳动者享有劳动权利和履行劳动义务。

普法问答

用人单位建立和完善劳动规章制度时，需要征求工会或者职工的意见吗？

根据《劳动合同法》第4条的规定，用人单位在制定、修改或者决定有关劳动报酬、工作时间、休息休假、劳动安全卫生、保险福利、职工培训、劳动纪律以及劳动定额管理等直接涉及劳动者切身利益的规章制度或者重大事项时，应当经职工代表大会或者全体职工讨论，提出方案和意见，与工会或者职工代表平等协商确定。

在规章制度和重大事项决定实施过程中，工会或者职工认为不适当的，有权向用人单位提出，通过协商予以修改完善。

用人单位应当将直接涉及劳动者切身利益的规章制度和重大事项决定公示，或者告知劳动者。

关联规定

《劳动合同法》第 4 条；《最高人民法院关于审理劳动争议案件适用法律问题的解释（一）》第 50 条

第五条　国家发展劳动事业

> 国家采取各种措施，促进劳动就业，发展职业教育，制定劳动标准，调节社会收入，完善社会保险，协调劳动关系，逐步提高劳动者的生活水平。

普法问答

1. 我国职业学校教育分为哪几种？

《中华人民共和国职业教育法》（以下简称《职业教育法》）第 15 条规定，职业学校教育分为中等职业学校教育、高等职业学校教育。

中等职业学校教育由高级中等教育层次的中等职业学校（含技工学校）实施。

高等职业学校教育由专科、本科及以上教育层次的高等职业学校和普通高等学校实施。根据高等职业学校设置制度规定，将符合条件的技师学院纳入高等职业学校序列。

其他学校、教育机构或者符合条件的企业、行业组织按照教育行政部门的统筹规划，可以实施相应层次的职业学校教育或者提供纳入人才培养方案的学分课程。

2. 我国职业培训包括哪几种？

《职业教育法》第16条规定，职业培训包括就业前培训、在职培训、再就业培训及其他职业性培训，可以根据实际情况分级分类实施。

职业培训可以由相应的职业培训机构、职业学校实施。

其他学校或者教育机构以及企业、社会组织可以根据办学能力、社会需求，依法开展面向社会的、多种形式的职业培训。

关联规定

《职业教育法》；《社会保险法》

第六条 国家的倡导、鼓励和奖励政策

> 国家提倡劳动者参加社会义务劳动，开展劳动竞赛和合理化建议活动，鼓励和保护劳动者进行科学研究、技术革新和发明创造，表彰和奖励劳动模范和先进工作者。

普法问答

1. 国家鼓励企业开展哪些科技创新活动？

《中华人民共和国科学技术进步法》（以下简称《科学技术进

步法》）第40条规定，国家鼓励企业开展下列活动：

（1）设立内部科学技术研究开发机构；

（2）同其他企业或者科学技术研究开发机构、高等学校开展合作研究，联合建立科学技术研究开发机构和平台，设立科技企业孵化机构和创新创业平台，或者以委托等方式开展科学技术研究开发；

（3）培养、吸引和使用科学技术人员；

（4）同科学技术研究开发机构、高等学校、职业院校或者培训机构联合培养专业技术人才和高技能人才，吸引高等学校毕业生到企业工作；

（5）设立博士后工作站或者流动站；

（6）结合技术创新和职工技能培训，开展科学技术普及活动，设立向公众开放的普及科学技术的场馆或者设施。

2. 国家最高科学技术奖授予条件是什么？

《国家科学技术奖励条例》第8条规定，国家最高科学技术奖授予下列中国公民：

（1）在当代科学技术前沿取得重大突破或者在科学技术发展中有卓越建树的；

（2）在科学技术创新、科学技术成果转化和高技术产业化中，创造巨大经济效益、社会效益、生态环境效益或者对维护国家安全做出巨大贡献的。

国家最高科学技术奖不分等级，每次授予人数不超过2名。

3. 国家自然科学奖授予条件是什么？

《国家科学技术奖励条例》第9条规定，国家自然科学奖授予在基础研究和应用基础研究中阐明自然现象、特征和规律，做出重大科学发现的个人。

前款所称重大科学发现，应当具备下列条件：

（1）前人尚未发现或者尚未阐明；

（2）具有重大科学价值；

（3）得到国内外自然科学界公认。

4. 国家技术发明奖授予条件是什么？

《国家科学技术奖励条例》第10条规定，国家技术发明奖授予运用科学技术知识做出产品、工艺、材料、器件及其系统等重大技术发明的个人。

前款所称重大技术发明，应当具备下列条件：

（1）前人尚未发明或者尚未公开；

（2）具有先进性、创造性、实用性；

（3）经实施，创造显著经济效益、社会效益、生态环境效益或者对维护国家安全做出显著贡献，且具有良好的应用前景。

5. 国家科学技术进步奖授予条件是什么？

《国家科学技术奖励条例》第11条规定，国家科学技术进步奖授予完成和应用推广创新性科学技术成果，为推动科学技术进步和经济社会发展做出突出贡献的个人、组织。

前款所称创新性科学技术成果，应当具备下列条件：

（1）技术创新性突出，技术经济指标先进；

（2）经应用推广，创造显著经济效益、社会效益、生态环境效益或者对维护国家安全做出显著贡献；

（3）在推动行业科学技术进步等方面有重大贡献。

关联规定

《中华人民共和国专利法》;《科学技术进步法》;《国家科学技术奖励条例》

第七条 工会的组织和权利

> 劳动者有权依法参加和组织工会。
> 工会代表和维护劳动者的合法权益,依法独立自主地开展活动。

普法问答

1. 职工参加工会的条件是什么?

《中国工会章程》第1条规定,凡在中国境内的企业、事业单位、机关、社会组织中,以工资收入为主要生活来源或者与用人单位建立劳动关系的劳动者,不分民族、种族、性别、职业、宗教信仰、教育程度,承认工会章程,都可以加入工会为会员。

工会适应企业组织形式、职工队伍结构、劳动关系、就业形态等方面的发展变化,依法维护劳动者参加和组织工会的权利。

第2条规定,职工加入工会,由本人自愿申请,经基层工会委员会批准并发给会员证。

2. 工会的基本职责是什么?

《中华人民共和国工会法》(以下简称《工会法》)第6条规定,维护职工合法权益、竭诚服务职工群众是工会的基本职责。工会在维护全国人民总体利益的同时，代表和维护职工的合法权益。

工会通过平等协商和集体合同制度等，推动健全劳动关系协调机制，维护职工劳动权益，构建和谐劳动关系。

工会依照法律规定通过职工代表大会或者其他形式，组织职工参与本单位的民主选举、民主协商、民主决策、民主管理和民主监督。

工会建立联系广泛、服务职工的工会工作体系，密切联系职工，听取和反映职工的意见和要求，关心职工的生活，帮助职工解决困难，全心全意为职工服务。

3. 企业、事业单位、社会组织有哪些侵犯职工劳动权益情形时，工会可以要求其改正？

《工会法》第23条规定，企业、事业单位、社会组织违反劳动法律法规规定，有下列侵犯职工劳动权益情形，工会应当代表职工与企业、事业单位、社会组织交涉，要求企业、事业单位、社会组织采取措施予以改正；企业、事业单位、社会组织应当予以研究处理，并向工会作出答复；企业、事业单位、社会组织拒不改正的，工会可以提请当地人民政府依法作出处理：

（1）克扣、拖欠职工工资的；
（2）不提供劳动安全卫生条件的；
（3）随意延长劳动时间的；
（4）侵犯女职工和未成年工特殊权益的；
（5）其他严重侵犯职工劳动权益的。

4. 工会对用人单位的哪些情况实施监督？

工会劳动法律监督，是工会依法对劳动法律法规执行情况进行的有组织的群众监督，是我国劳动法律监督体系的重要组成部分。《工会劳动法律监督办法》第9条规定，工会对用人单位的下列情况实施监督：

（1）执行国家有关就业规定的情况；

（2）执行国家有关订立、履行、变更、解除劳动合同规定的情况；

（3）开展集体协商，签订和履行集体合同的情况；

（4）执行国家有关工作时间、休息、休假规定的情况；

（5）执行国家有关工资报酬规定的情况；

（6）执行国家有关各项劳动安全卫生及伤亡事故和职业病处理规定的情况；

（7）执行国家有关女职工和未成年工特殊保护规定的情况；

（8）执行国家有关职业培训和职业技能考核规定的情况；

（9）执行国家有关职工保险、福利待遇规定的情况；

（10）制定内部劳动规章制度的情况；

（11）法律法规规定的其他劳动法律监督事项。

5. 工会重点监督用人单位哪些问题？

《工会劳动法律监督办法》第10条规定，工会重点监督用人单位恶意欠薪、违法超时加班、违法裁员、未缴纳或未足额缴纳社会保险费、侮辱体罚、强迫劳动、就业歧视、使用童工、损害职工健康等问题。对发现的有关问题线索，应当调查核实，督促整改，并及时向上级工会报告；对职工申请仲裁、提起诉讼的，工会应当依法给予支持和帮助。

关联规定

《工会法》;《劳动合同法》第6条、第78条;《中华人民共和国公司法》(以下简称《公司法》)第17条;《中国工会章程》;《工会劳动法律监督办法》

第八条 劳动者参与民主管理和平等协商

> 劳动者依照法律规定,通过职工大会、职工代表大会或者其他形式,参与民主管理或者就保护劳动者合法权益与用人单位进行平等协商。

普法问答

1. 企业召开职工代表大会的,职工代表人数如何确定?

职工代表大会(或职工大会,下同)是职工行使民主管理权力的机构,是企业民主管理的基本形式。《企业民主管理规定》第8条规定,企业可以根据职工人数确定召开职工代表大会或者职工大会。

企业召开职工代表大会的,职工代表人数按照不少于全体职工人数的百分之五确定,最少不少于30人。职工代表人数超过100人的,超出的代表人数可以由企业与工会协商确定。

2. 职工代表大会的代表组成是怎样的?

《企业民主管理规定》第9条规定,职工代表大会的代表由工人、技术人员、管理人员、企业领导人员和其他方面的职工组成。

其中，企业中层以上管理人员和领导人员一般不得超过职工代表总人数的20%。有女职工和劳务派遣职工的企业，职工代表中应当有适当比例的女职工和劳务派遣职工代表。

3. 职工代表大会行使哪些职权？

《企业民主管理规定》第13条规定，职工代表大会行使下列职权：

（1）听取企业主要负责人关于企业发展规划、年度生产经营管理情况，企业改革和制定重要规章制度情况，企业用工、劳动合同和集体合同签订履行情况，企业安全生产情况，企业缴纳社会保险费和住房公积金情况等报告，提出意见和建议；

审议企业制定、修改或者决定的有关劳动报酬、工作时间、休息休假、劳动安全卫生、保险福利、职工培训、劳动纪律以及劳动定额管理等直接涉及劳动者切身利益的规章制度或者重大事项方案，提出意见和建议；

（2）审议通过集体合同草案，按照国家有关规定提取的职工福利基金使用方案、住房公积金和社会保险费缴纳比例和时间的调整方案，劳动模范的推荐人选等重大事项；

（3）选举或者罢免职工董事、职工监事，选举依法进入破产程序企业的债权人会议和债权人委员会中的职工代表，根据授权推荐或者选举企业经营管理人员；

（4）审查监督企业执行劳动法律法规和劳动规章制度情况，民主评议企业领导人员，并提出奖惩建议；

（5）法律法规规定的其他职权。

第14条规定，国有企业和国有控股企业职工代表大会除按第13条规定行使职权外，行使下列职权：

（1）听取和审议企业经营管理主要负责人关于企业投资和重大技术改造、财务预决算、企业业务招待费使用等情况的报告，专业技术职称的评聘、企业公积金的使用、企业的改制等方案，并提出意见和建议；

（2）审议通过企业合并、分立、改制、解散、破产实施方案中职工的裁减、分流和安置方案；

（3）依照法律、行政法规、行政规章规定的其他职权。

4. 企业工会委员会履行的职责有哪些？

《企业民主管理规定》第22条规定，企业工会委员会是职工代表大会的工作机构，负责职工代表大会的日常工作，履行下列职责：

（1）提出职工代表大会代表选举方案，组织职工选举职工代表和代表团（组）长；

（2）征集职工代表提案，提出职工代表大会议题的建议；

（3）负责职工代表大会会议的筹备和组织工作，提出职工代表大会的议程建议；

（4）提出职工代表大会主席团组成方案和组成人员建议名单；提出专门委员会（小组）的设立方案和组成人员建议名单；

（5）向职工代表大会报告职工代表大会决议的执行情况和职工代表大会提案的办理情况、厂务公开的实行情况等；

（6）在职工代表大会闭会期间，负责组织专门委员会（小组）和职工代表就企业职工代表大会决议的执行情况和职工代表大会提案的办理情况、厂务公开的实行情况等，开展巡视、检查、质询等监督活动；

（7）受理职工代表的申诉和建议，维护职工代表的合法权益；

（8）向职工进行民主管理的宣传教育，组织职工代表开展学习和培训，提高职工代表素质；

（9）建立和管理职工代表大会工作档案。

关联规定

《劳动合同法》第 5 条；《公司法》第 17 条；《企业民主管理规定》

第九条　劳动行政部门设置

> 国务院劳动行政部门主管全国劳动工作。
> 县级以上地方人民政府劳动行政部门主管本行政区域内的劳动工作。

关联规定

《劳动合同法》第 73 条；《劳动保障监察条例》第 3 条

第二章 促进就业

第十条　国家促进就业政策

> 国家通过促进经济和社会发展，创造就业条件，扩大就业机会。
>
> 国家鼓励企业、事业组织、社会团体在法律、行政法规规定的范围内兴办产业或者拓展经营，增加就业。
>
> 国家支持劳动者自愿组织起来就业和从事个体经营实现就业。

普法问答

国家对哪些企业、人员依法给予税收优惠？

《中华人民共和国就业促进法》（以下简称《就业促进法》）第17条规定，国家鼓励企业增加就业岗位，扶持失业人员和残疾人就业，对下列企业、人员依法给予税收优惠：

（1）吸纳符合国家规定条件的失业人员达到规定要求的企业；

（2）失业人员创办的中小企业；

（3）安置残疾人员达到规定比例或者集中使用残疾人的企业；

（4）从事个体经营的符合国家规定条件的失业人员；

（5）从事个体经营的残疾人；

（6）国务院规定给予税收优惠的其他企业、人员。

> **关联规定**

《就业促进法》第11—24条;《促进个体工商户发展条例》

第十一条　地方政府促进就业的措施

> 地方各级人民政府应当采取措施,发展多种类型的职业介绍机构,提供就业服务。

> **普法问答**

1. 公共就业服务机构应当免费为劳动者提供哪些服务?

《就业服务与就业管理规定》第25条规定,公共就业服务机构应当免费为劳动者提供以下服务:

(1) 就业政策法规咨询;
(2) 职业供求信息、市场工资指导价位信息和职业培训信息发布;
(3) 职业指导和职业介绍;
(4) 对就业困难人员实施就业援助;
(5) 办理就业登记、失业登记等事务;
(6) 其他公共就业服务。

2. 设立职业中介机构应当具备什么条件?

《就业服务与就业管理规定》第48条规定,设立职业中介机构应当具备下列条件:

(1) 有明确的机构章程和管理制度;

（2）有开展业务必备的固定场所、办公设施和一定数额的开办资金；

（3）有一定数量具备相应职业资格的专职工作人员；

（4）法律、法规规定的其他条件。

3. 申请设立职业中介机构，应当向劳动保障行政部门提交哪些文件？

《就业服务与就业管理规定》第49条规定，设立职业中介机构，应当向当地县级以上劳动保障行政部门提出申请，提交下列文件：

（1）设立申请书；

（2）机构章程和管理制度草案；

（3）场所使用权证明；

（4）拟任负责人的基本情况、身份证明；

（5）具备相应职业资格的专职工作人员的相关证明；

（6）工商营业执照（副本）；

（7）法律、法规规定的其他文件。

关联规定

《就业促进法》第24条、第32—41条；《就业服务与就业管理规定》；《人力资源服务机构管理规定》

第十二条　就业平等原则

> 劳动者就业，不因民族、种族、性别、宗教信仰不同而受歧视。

关联规定

《就业促进法》第3条、第28条、第62条;《民法典》第4条、第1057条;《就业服务与就业管理规定》

第十三条 妇女享有与男子平等的就业权利

> 妇女享有与男子平等的就业权利。在录用职工时,除国家规定的不适合妇女的工种或者岗位外,不得以性别为由拒绝录用妇女或者提高对妇女的录用标准。

普法问答

用人单位在招录(聘)过程中,不得实施哪些行为?

《中华人民共和国妇女权益保障法》(以下简称《妇女权益保障法》)第43条规定,用人单位在招录(聘)过程中,除国家另有规定外,不得实施下列行为:

(1) 限定为男性或者规定男性优先;

(2) 除个人基本信息外,进一步询问或者调查女性求职者的婚育情况;

(3) 将妊娠测试作为入职体检项目;

(4) 将限制结婚、生育或者婚姻、生育状况作为录(聘)用条件;

(5) 其他以性别为由拒绝录(聘)用妇女或者差别化地提高对妇女录(聘)用标准的行为。

关联规定

《就业促进法》第 27 条；《妇女权益保障法》第 41—52 条；《女职工劳动保护特别规定》第 5 条

第十四条　特殊就业群体的就业保护

> 残疾人、少数民族人员、退出现役的军人的就业，法律、法规有特别规定的，从其规定。

普法问答

1. 中国残疾人联合会及残疾人就业服务机构应当为残疾人就业提供哪些服务？

《残疾人就业条例》第 22 条规定，中国残疾人联合会及其地方组织所属的残疾人就业服务机构应当免费为残疾人就业提供下列服务：

（1）发布残疾人就业信息；
（2）组织开展残疾人职业培训；
（3）为残疾人提供职业心理咨询、职业适应评估、职业康复训练、求职定向指导、职业介绍等服务；
（4）为残疾人自主择业提供必要的帮助；
（5）为用人单位安排残疾人就业提供必要的支持。

国家鼓励其他就业服务机构为残疾人就业提供免费服务。

2. 军士和义务兵退出现役，由安置地人民政府安排工作的条件是什么？

《退役军人安置条例》第 25 条规定，军士和义务兵退出现役，符合下列条件之一的，由安置地人民政府安排工作：

（1）军士服现役满 12 年的；

（2）服现役期间个人获得勋章、荣誉称号的；

（3）服现役期间个人荣获三等战功、二等功以上奖励的；

（4）服现役期间个人获得一级表彰的；

（5）因战致残被评定为 5 级至 8 级残疾等级的；

（6）是烈士子女的。

符合逐月领取退役金条件的军士，本人自愿放弃以逐月领取退役金方式安置的，可以选择以安排工作方式安置。

因战致残被评定为 5 级至 6 级残疾等级的中级以上军士，本人自愿放弃以退休方式安置的，可以选择以安排工作方式安置。

关联规定

《就业促进法》第 28—31 条；《中华人民共和国残疾人保障法》第 30—40 条；《中华人民共和国退役军人保障法》第 38—47 条；《民法典》第 128 条；《残疾人就业条例》；《退役军人安置条例》

第十五条　禁止招用未成年工

禁止用人单位招用未满十六周岁的未成年人。

文艺、体育和特种工艺单位招用未满十六周岁的未成年人，必须遵守国家有关规定，并保障其接受义务教育的权利。

普法问答

1. 用人单位使用童工的，会受到什么处罚？

《禁止使用童工规定》第 6 条规定，用人单位使用童工的，由劳动保障行政部门按照每使用一名童工每月处 5000 元罚款的标准给予处罚；在使用有毒物品的作业场所使用童工的，按照《使用有毒物品作业场所劳动保护条例》规定的罚款幅度，或者按照每使用一名童工每月处 5000 元罚款的标准，从重处罚。劳动保障行政部门并应当责令用人单位限期将童工送回原居住地交其父母或者其他监护人，所需交通和食宿费用全部由用人单位承担。

用人单位经劳动保障行政部门依照前款规定责令限期改正，逾期仍不将童工送交其父母或者其他监护人的，从责令限期改正之日起，由劳动保障行政部门按照每使用一名童工每月处 1 万元罚款的标准处罚，并由工商行政管理部门吊销其营业执照或者由民政部门撤销民办非企业单位登记；用人单位是国家机关、事业单位的，由有关单位依法对直接负责的主管人员和其他直接责任人员给予降级或者撤职的行政处分或者纪律处分。

2. 为不满 16 周岁的未成年人介绍就业的，会受到什么处罚？

《禁止使用童工规定》第 7 条规定，单位或者个人为不满 16 周岁的未成年人介绍就业的，由劳动保障行政部门按照每介绍一人处 5000 元罚款的标准给予处罚；职业中介机构为不满 16 周岁的未成年人介绍就业的，并由劳动保障行政部门吊销其职业介绍许可证。

关联规定

《中华人民共和国未成年人保护法》(以下简称《未成年人保护法》)第61条、第126条;《禁止使用童工规定》;《就业服务与就业管理规定》第14条

第三章　劳动合同和集体合同

第十六条　劳动合同的概念

> 劳动合同是劳动者与用人单位确立劳动关系、明确双方权利和义务的协议。
> 建立劳动关系应当订立劳动合同。

普法问答

职工名册应当包括哪些内容？

《劳动合同法》第 7 条规定，用人单位自用工之日起即与劳动者建立劳动关系。用人单位应当建立职工名册备查。

《劳动合同法实施条例》第 8 条规定，《劳动合同法》第 7 条规定的职工名册，应当包括劳动者姓名、性别、公民身份号码、户籍地址及现住址、联系方式、用工形式、用工起始时间、劳动合同期限等内容。

关联规定

《劳动合同法》第 7 条、第 10 条；《劳动合同法实施条例》第 4—8 条；《最高人民法院关于审理劳动争议案件适用法律问题的解释（一）》第 33 条

第十七条　订立和变更劳动合同的原则

> 订立和变更劳动合同，应当遵循平等自愿、协商一致的原则，不得违反法律、行政法规的规定。
>
> 劳动合同依法订立即具有法律约束力，当事人必须履行劳动合同规定的义务。

普法问答

变更劳动合同可以采用口头形式吗？

《劳动合同法》第35条第1款规定，用人单位与劳动者协商一致，可以变更劳动合同约定的内容。变更劳动合同，应当采用书面形式。

《最高人民法院关于审理劳动争议案件适用法律问题的解释（一）》第43条规定，用人单位与劳动者协商一致变更劳动合同，虽未采用书面形式，但已经实际履行了口头变更的劳动合同超过一个月，变更后的劳动合同内容不违反法律、行政法规且不违背公序良俗，当事人以未采用书面形式为由主张劳动合同变更无效的，人民法院不予支持。

关联规定

《劳动合同法》第3条、第35条；《民法典》第465条；《最高人民法院关于审理劳动争议案件适用法律问题的解释（一）》第43条

第十八条　无效劳动合同

下列劳动合同无效：
（一）违反法律、行政法规的劳动合同；
（二）采取欺诈、威胁等手段订立的劳动合同。
无效的劳动合同，从订立的时候起，就没有法律约束力。确认劳动合同部分无效的，如果不影响其余部分的效力，其余部分仍然有效。
劳动合同的无效，由劳动争议仲裁委员会或者人民法院确认。

普法问答

劳动合同无效后劳动报酬数额如何确定？

《劳动合同法》第 28 条规定，劳动合同被确认无效，劳动者已付出劳动的，用人单位应当向劳动者支付劳动报酬。劳动报酬的数额，参照本单位相同或者相近岗位劳动者的劳动报酬确定。

关联规定

《劳动合同法》第 26—28 条；《民法典》第 148—150 条

第十九条　劳动合同的形式和内容

劳动合同应当以书面形式订立，并具备以下条款：
（一）劳动合同期限；

（二）工作内容；

（三）劳动保护和劳动条件；

（四）劳动报酬；

（五）劳动纪律；

（六）劳动合同终止的条件；

（七）违反劳动合同的责任。

劳动合同除前款规定的必备条款外，当事人可以协商约定其他内容。

普法问答

1. 劳动合同对劳动报酬和劳动条件等标准约定不明确的，如何解决？

《劳动合同法》第18条规定，劳动合同对劳动报酬和劳动条件等标准约定不明确，引发争议的，用人单位与劳动者可以重新协商；协商不成的，适用集体合同规定；没有集体合同或者集体合同未规定劳动报酬的，实行同工同酬；没有集体合同或者集体合同未规定劳动条件等标准的，适用国家有关规定。

2. 用人单位不与劳动者订立书面劳动合同的，会有什么法律后果？

《劳动合同法》第14条第3款规定，用人单位自用工之日起满一年不与劳动者订立书面劳动合同的，视为用人单位与劳动者已订立无固定期限劳动合同。

第 82 条第 1 款规定，用人单位自用工之日起超过一个月不满一年未与劳动者订立书面劳动合同的，应当向劳动者每月支付二倍的工资。

关联规定

《劳动合同法》第 11 条、第 16—18 条、第 58—59 条；《民法典》第 135 条

第二十条　劳动合同的期限

> 劳动合同的期限分为有固定期限、无固定期限和以完成一定的工作为期限。
>
> 劳动者在同一用人单位连续工作满十年以上，当事人双方同意续延劳动合同的，如果劳动者提出订立无固定期限的劳动合同，应当订立无固定期限的劳动合同。

关联规定

《劳动合同法》第 12—15 条；《劳动合同法实施条例》第 9—12 条；《最高人民法院关于审理劳动争议案件适用法律问题的解释（一）》第 34 条

第二十一条　试用期条款

> 劳动合同可以约定试用期。试用期最长不得超过六个月。

普法问答

用人单位与劳动者如何约定试用期？

《劳动合同法》第 19 条规定，劳动合同期限 3 个月以上不满 1 年的，试用期不得超过 1 个月；劳动合同期限 1 年以上不满 3 年的，试用期不得超过 2 个月；3 年以上固定期限和无固定期限的劳动合同，试用期不得超过 6 个月。

同一用人单位与同一劳动者只能约定一次试用期。

以完成一定工作任务为期限的劳动合同或者劳动合同期限不满 3 个月的，不得约定试用期。

试用期包含在劳动合同期限内。劳动合同仅约定试用期的，试用期不成立，该期限为劳动合同期限。

关联规定

《劳动合同法》第 19—21 条；《劳动合同法实施条例》第 15 条

第二十二条　保守商业秘密之约定

> 劳动合同当事人可以在劳动合同中约定保守用人单位商业秘密的有关事项。

普法问答

竞业限制的范围和期限是什么？

《劳动合同法》第 23 条规定，用人单位与劳动者可以在劳动合同中约定保守用人单位的商业秘密和与知识产权相关的保密事项。

对负有保密义务的劳动者，用人单位可以在劳动合同或者保密协议中与劳动者约定竞业限制条款，并约定在解除或者终止劳动合同后，在竞业限制期限内按月给予劳动者经济补偿。劳动者违反竞业限制约定的，应当按照约定向用人单位支付违约金。

第24条规定，竞业限制的人员限于用人单位的高级管理人员、高级技术人员和其他负有保密义务的人员。竞业限制的范围、地域、期限由用人单位与劳动者约定，竞业限制的约定不得违反法律、法规的规定。

在解除或者终止劳动合同后，前款规定的人员到与本单位生产或者经营同类产品、从事同类业务的有竞争关系的其他用人单位，或者自己开业生产或者经营同类产品、从事同类业务的竞业限制期限，不得超过2年。

关联规定

《劳动合同法》第23—24条；《中华人民共和国反不正当竞争法》第10条；《最高人民法院关于审理侵犯商业秘密民事案件适用法律若干问题的规定》

第二十三条 劳动合同的终止

> 劳动合同期满或者当事人约定的劳动合同终止条件出现，劳动合同即行终止。

普法问答

劳动合同终止的情形有哪些？

《劳动合同法》第 44 条规定，有下列情形之一的，劳动合同终止：

（1）劳动合同期满的；

（2）劳动者开始依法享受基本养老保险待遇的；

（3）劳动者死亡，或者被人民法院宣告死亡或者宣告失踪的；

（4）用人单位被依法宣告破产的；

（5）用人单位被吊销营业执照、责令关闭、撤销或者用人单位决定提前解散的；

（6）法律、行政法规规定的其他情形。

关联规定

《劳动合同法》第 44—45 条；《劳动合同法实施条例》第 13 条、第 21 条

第二十四条　劳动合同的合意解除

> 经劳动合同当事人协商一致，劳动合同可以解除。

关联规定

《劳动合同法》第 36 条；《民法典》第 562 条

第二十五条　过失性辞退

劳动者有下列情形之一的,用人单位可以解除劳动合同:

(一)在试用期间被证明不符合录用条件的;

(二)严重违反劳动纪律或者用人单位规章制度的;

(三)严重失职,营私舞弊,对用人单位利益造成重大损害的;

(四)被依法追究刑事责任的。

关联规定

《劳动合同法》第 21 条、第 39 条;《劳动合同法实施条例》第 19 条

第二十六条　非过失性辞退

有下列情形之一的,用人单位可以解除劳动合同,但是应当提前三十日以书面形式通知劳动者本人:

(一)劳动者患病或者非因工负伤,医疗期满后,不能从事原工作也不能从事由用人单位另行安排的工作的;

(二)劳动者不能胜任工作,经过培训或者调整工作岗位,仍不能胜任工作的;

(三)劳动合同订立时所依据的客观情况发生重大变化,致使原劳动合同无法履行,经当事人协商不能就变更劳动合同达成协议的。

普法问答

企业职工因患病或非因工负伤，需要停止工作医疗时，医疗期是多久？

《企业职工患病或非因工负伤医疗期规定》第3条规定，企业职工因患病或非因工负伤，需要停止工作医疗时，根据本人实际参加工作年限和在本单位工作年限，给予3个月到24个月的医疗期：

（1）实际工作年限10年以下的，在本单位工作年限5年以下的为3个月；5年以上的为6个月。

（2）实际工作年限10年以上的，在本单位工作年限5年以下的为6个月；5年以上10年以下的为9个月；10年以上15年以下的为12个月；15年以上20年以下的为18个月；20年以上的为24个月。

关联规定

《劳动合同法》第40条；《劳动合同法实施条例》第19条；《企业职工患病或非因工负伤医疗期规定》

第二十七条 用人单位经济性裁员

> 用人单位濒临破产进行法定整顿期间或者生产经营状况发生严重困难，确需裁减人员的，应当提前三十日向工会或者全体职工说明情况，听取工会或者职工的意见，经向劳动行政部门报告后，可以裁减人员。

> 用人单位依据本条规定裁减人员，在六个月内录用人员的，应当优先录用被裁减的人员。

普法问答

1. 经济性裁员的情形有哪些？

《劳动合同法》第41条第1款规定，有下列情形之一，需要裁减人员20人以上或者裁减不足20人但占企业职工总数百分之十以上的，用人单位提前30日向工会或者全体职工说明情况，听取工会或者职工的意见后，裁减人员方案经向劳动行政部门报告，可以裁减人员：

（1）依照企业破产法规定进行重整的；

（2）生产经营发生严重困难的；

（3）企业转产、重大技术革新或者经营方式调整，经变更劳动合同后，仍需裁减人员的；

（4）其他因劳动合同订立时所依据的客观经济情况发生重大变化，致使劳动合同无法履行的。

2. 裁减人员时，应当优先留用哪些人员？

《劳动合同法》第41条第2款规定，裁减人员时，应当优先留用下列人员：

（1）与本单位订立较长期限的固定期限劳动合同的；

（2）与本单位订立无固定期限劳动合同的；

（3）家庭无其他就业人员，有需要扶养的老人或者未成年人的。

用人单位依照《劳动合同法》第 41 条第 1 款规定裁减人员，在 6 个月内重新招用人员的，应当通知被裁减的人员，并在同等条件下优先招用被裁减的人员。

关联规定

《劳动合同法》第 41 条

第二十八条　用人单位解除劳动合同的经济补偿

> 用人单位依据本法第二十四条、第二十六条、第二十七条的规定解除劳动合同的，应当依照国家有关规定给予经济补偿。

普法问答

1. 什么情形下，用人单位应当向劳动者支付经济补偿？

《劳动合同法》第 46 条规定，有下列情形之一的，用人单位应当向劳动者支付经济补偿：

（1）劳动者依照本法第 38 条规定解除劳动合同的；

（2）用人单位依照本法第 36 条规定向劳动者提出解除劳动合同并与劳动者协商一致解除劳动合同的；

（3）用人单位依照本法第 40 条规定解除劳动合同的；

（4）用人单位依照本法第 41 条第 1 款规定解除劳动合同的；

（5）除用人单位维持或者提高劳动合同约定条件续订劳动合同，劳动者不同意续订的情形外，依照本法第 44 条第 1 项规定终止固定期限劳动合同的；

（6）依照本法第 44 条第 4 项、第 5 项规定终止劳动合同的；

（7）法律、行政法规规定的其他情形。

2. 劳动派遣单位向被派遣劳动者支付经济补偿的情形是什么？

《劳务派遣暂行规定》第 17 条规定，劳务派遣单位因《劳动合同法》第 46 条或者《劳务派遣暂行规定》第 15 条、第 16 条规定的情形，与被派遣劳动者解除或者终止劳动合同的，应当依法向被派遣劳动者支付经济补偿。

第 12 条规定，有下列情形之一的，用工单位可以将被派遣劳动者退回劳务派遣单位：

（1）用工单位有《劳动合同法》第 40 条第 3 项、第 41 条规定情形的；

（2）用工单位被依法宣告破产、吊销营业执照、责令关闭、撤销、决定提前解散或者经营期限届满不再继续经营的；

（3）劳务派遣协议期满终止的。

被派遣劳动者退回后在无工作期间，劳务派遣单位应当按照不低于所在地人民政府规定的最低工资标准，向其按月支付报酬。

第 15 条规定，被派遣劳动者因本规定第 12 条规定被用工单位退回，劳务派遣单位重新派遣时维持或者提高劳动合同约定条件，被派遣劳动者不同意的，劳务派遣单位可以解除劳动合同。

被派遣劳动者因本规定第 12 条规定被用工单位退回，劳务派遣单位重新派遣时降低劳动合同约定条件，被派遣劳动者不同意的，劳务派遣单位不得解除劳动合同。但被派遣劳动者提出解除劳动合同的除外。

第 16 条规定，劳务派遣单位被依法宣告破产、吊销营业执照、责令关闭、撤销、决定提前解散或者经营期限届满不再继续经营的,劳动合同终止。用工单位应当与劳务派遣单位协商妥善安置被派遣劳动者。

关联规定

《劳动合同法》第36条、第38条、第41条、第44条、第46条;《劳务派遣暂行规定》第15—17条

第二十九条　用人单位不得解除劳动合同的情形

> 劳动者有下列情形之一的,用人单位不得依据本法第二十六条、第二十七条的规定解除劳动合同:
> (一)患职业病或者因工负伤并被确认丧失或者部分丧失劳动能力的;
> (二)患病或者负伤,在规定的医疗期内的;
> (三)女职工在孕期、产期、哺乳期内的;
> (四)法律、行政法规规定的其他情形。

普法问答

什么情形下,用人单位不得解除劳动合同?

《劳动合同法》第42条规定,劳动者有下列情形之一的,用人单位不得依照本法第40条、第41条的规定解除劳动合同:
(1)从事接触职业病危害作业的劳动者未进行离岗前职业健康检查,或者疑似职业病病人在诊断或者医学观察期间的;

（2）在本单位患职业病或者因工负伤并被确认丧失或者部分丧失劳动能力的；

（3）患病或者非因工负伤，在规定的医疗期内的；

（4）女职工在孕期、产期、哺乳期的；

（5）在本单位连续工作满 15 年，且距法定退休年龄不足 5 年的；

（6）法律、行政法规规定的其他情形。

关联规定

《劳动合同法》第 42 条

第三十条　工会对用人单位解除劳动合同的监督权

> 用人单位解除劳动合同，工会认为不适当的，有权提出意见。如果用人单位违反法律、法规或者劳动合同，工会有权要求重新处理；劳动者申请仲裁或者提起诉讼的，工会应当依法给予支持和帮助。

普法问答

在劳动合同解除过程中，工会如何发挥监督作用？

《劳动合同法》第 43 条规定，用人单位单方解除劳动合同，应当事先将理由通知工会。用人单位违反法律、行政法规规定或者劳动合同约定的，工会有权要求用人单位纠正。用人单位应当研究工会的意见，并将处理结果书面通知工会。

《劳动保障监察条例》第 7 条规定，各级工会依法维护劳动者的合法权益,对用人单位遵守劳动保障法律、法规和规章的情况进行监督。

劳动保障行政部门在劳动保障监察工作中应当注意听取工会组织的意见和建议。

关联规定

《劳动合同法》第43条;《劳动保障监察条例》第7条

第三十一条 劳动者单方解除劳动合同

劳动者解除劳动合同,应当提前三十日以书面形式通知用人单位。

关联规定

《劳动合同法》第37条

第三十二条 劳动者随时解除劳动合同的情形

有下列情形之一的,劳动者可以随时通知用人单位解除劳动合同:

(一)在试用期内的;

(二)用人单位以暴力、威胁或者非法限制人身自由的手段强迫劳动的;

(三)用人单位未按照劳动合同约定支付劳动报酬或者提供劳动条件的。

普法问答

什么情形下，劳动者可以与用人单位解除劳动合同？

《劳动合同法实施条例》第18条规定，有下列情形之一的，依照劳动合同法规定的条件、程序，劳动者可以与用人单位解除固定期限劳动合同、无固定期限劳动合同或者以完成一定工作任务为期限的劳动合同：

（1）劳动者与用人单位协商一致的；

（2）劳动者提前30日以书面形式通知用人单位的；

（3）劳动者在试用期内提前3日通知用人单位的；

（4）用人单位未按照劳动合同约定提供劳动保护或者劳动条件的；

（5）用人单位未及时足额支付劳动报酬的；

（6）用人单位未依法为劳动者缴纳社会保险费的；

（7）用人单位的规章制度违反法律、法规的规定，损害劳动者权益的；

（8）用人单位以欺诈、胁迫的手段或者乘人之危，使劳动者在违背真实意思的情况下订立或者变更劳动合同的；

（9）用人单位在劳动合同中免除自己的法定责任、排除劳动者权利的；

（10）用人单位违反法律、行政法规强制性规定的；

（11）用人单位以暴力、威胁或者非法限制人身自由的手段强迫劳动者劳动的；

（12）用人单位违章指挥、强令冒险作业危及劳动者人身安全的；

(13) 法律、行政法规规定劳动者可以解除劳动合同的其他情形。

关联规定

《劳动合同法实施条例》第 18 条

第三十三条　集体合同的内容和签订程序

> 企业职工一方与企业可以就劳动报酬、工作时间、休息休假、劳动安全卫生、保险福利等事项，签订集体合同。集体合同草案应当提交职工代表大会或者全体职工讨论通过。
>
> 集体合同由工会代表职工与企业签订；没有建立工会的企业，由职工推举的代表与企业签订。

普法问答

1. 什么是集体合同？

《劳动合同法》第 51 条规定，企业职工一方与用人单位通过平等协商，可以就劳动报酬、工作时间、休息休假、劳动安全卫生、保险福利等事项订立集体合同。集体合同草案应当提交职工代表大会或者全体职工讨论通过。

集体合同由工会代表企业职工一方与用人单位订立；尚未建立工会的用人单位，由上级工会指导劳动者推举的代表与用人单位订立。

2. 集体合同如何订立、变更、解除和终止？

根据《集体合同规定》第 36 条至第 41 条的规定，经双方协商代表协商一致的集体合同草案或专项集体合同草案应当提交职工代表大会或者全体职工讨论。

职工代表大会或者全体职工讨论集体合同草案或专项集体合同草案，应当有三分之二以上职工代表或者职工出席，且须经全体职工代表半数以上或者全体职工半数以上同意，集体合同草案或专项集体合同草案方获通过。

集体合同草案或专项集体合同草案经职工代表大会或者职工大会通过后，由集体协商双方首席代表签字。

集体合同或专项集体合同期限一般为 1 至 3 年，期满或双方约定的终止条件出现，即行终止。

集体合同或专项集体合同期满前 3 个月内，任何一方均可向对方提出重新签订或续订的要求。

双方协商代表协商一致，可以变更或解除集体合同或专项集体合同。

有下列情形之一的，可以变更或解除集体合同或专项集体合同：

（1）用人单位因被兼并、解散、破产等原因，致使集体合同或专项集体合同无法履行的；

（2）因不可抗力等原因致使集体合同或专项集体合同无法履行或部分无法履行的；

（3）集体合同或专项集体合同约定的变更或解除条件出现的；

（4）法律、法规、规章规定的其他情形。

变更或解除集体合同或专项集体合同适用本规定的集体协商程序。

关联规定

《劳动合同法》第 51 条;《集体合同规定》第 36—41 条

第三十四条 集体合同的审查

> 集体合同签订后应当报送劳动行政部门;劳动行政部门自收到集体合同文本之日起十五日内未提出异议的,集体合同即行生效。

普法问答

1. 集体合同何时生效?

《劳动合同法》第 54 条规定,集体合同订立后,应当报送劳动行政部门;劳动行政部门自收到集体合同文本之日起 15 日内未提出异议的,集体合同即行生效。

依法订立的集体合同对用人单位和劳动者具有约束力。行业性、区域性集体合同对当地本行业、本区域的用人单位和劳动者具有约束力。

2. 什么是集体合同的审查?

《集体合同规定》第 42 条至第 48 条规定,集体合同或专项集体合同签订或变更后,应当自双方首席代表签字之日起 10 日内,由用人单位一方将文本一式三份报送劳动保障行政部门审查。

劳动保障行政部门对报送的集体合同或专项集体合同应当办理登记手续。

集体合同或专项集体合同审查实行属地管辖，具体管辖范围由省级劳动保障行政部门规定。

中央管辖的企业以及跨省、自治区、直辖市的用人单位的集体合同应当报送劳动保障部或劳动保障部指定的省级劳动保障行政部门。

劳动保障行政部门应当对报送的集体合同或专项集体合同的下列事项进行合法性审查：

（1）集体协商双方的主体资格是否符合法律、法规和规章规定；

（2）集体协商程序是否违反法律、法规、规章规定；

（3）集体合同或专项集体合同内容是否与国家规定相抵触。

劳动保障行政部门对集体合同或专项集体合同有异议的，应当自收到文本之日起15日内将《审查意见书》送达双方协商代表。《审查意见书》应当载明以下内容：

（1）集体合同或专项集体合同当事人双方的名称、地址；

（2）劳动保障行政部门收到集体合同或专项集体合同的时间；

（3）审查意见；

（4）作出审查意见的时间。

《审查意见书》应当加盖劳动保障行政部门印章。

用人单位与本单位职工就劳动保障行政部门提出异议的事项经集体协商重新签订集体合同或专项集体合同的，用人单位一方应当根据本规定第42条的规定将文本报送劳动保障行政部门审查。

劳动保障行政部门自收到文本之日起15日内未提出异议的，集体合同或专项集体合同即行生效。

生效的集体合同或专项集体合同，应当自其生效之日起由协商代表及时以适当的形式向本方全体人员公布。

关联规定

《劳动合同法》第 54 条；《集体合同规定》第 42—48 条

第三十五条 集体合同的效力

> 依法签订的集体合同对企业和企业全体职工具有约束力。职工个人与企业订立的劳动合同中劳动条件和劳动报酬等标准不得低于集体合同的规定。

普法问答

集体合同中劳动报酬、劳动条件等标准是什么？

《劳动合同法》第 55 条规定，集体合同中劳动报酬和劳动条件等标准不得低于当地人民政府规定的最低标准；用人单位与劳动者订立的劳动合同中劳动报酬和劳动条件等标准不得低于集体合同规定的标准。

关联规定

《劳动合同法》第 55 条

第四章 工作时间和休息休假

第三十六条 标准工作时间

国家实行劳动者每日工作时间不超过八小时、平均每周工作时间不超过四十四小时的工时制度。

第三十七条 计件工作时间

对实行计件工作的劳动者,用人单位应当根据本法第三十六条规定的工时制度合理确定其劳动定额和计件报酬标准。

第三十八条 劳动者的周休日

用人单位应当保证劳动者每周至少休息一日。

第三十九条 其他工时制度

企业因生产特点不能实行本法第三十六条、第三十八条规定的,经劳动行政部门批准,可以实行其他工作和休息办法。

普法问答

什么情形下,企业可以实行不定时工作制?

《关于企业实行不定时工作制和综合计算工时工作制的审批办法》第4条规定,企业对符合下列条件之一的职工,可以实行不定时工作制。

(1) 企业中的高级管理人员、外勤人员、推销人员、部分值班人员和其他因工作无法按标准工作时间衡量的职工;

(2) 企业中的长途运输人员、出租汽车司机和铁路、港口、仓库的部分装卸人员以及因工作性质特殊,需机动作业的职工;

(3) 其他因生产特点、工作特殊需要或职责范围的关系,适合实行不定时工作制的职工。

关联规定

《关于企业实行不定时工作制和综合计算工时工作制的审批办法》第4条

第四十条 法定休假节日

> 用人单位在下列节日期间应当依法安排劳动者休假:
> (一) 元旦;
> (二) 春节;
> (三) 国际劳动节;
> (四) 国庆节;
> (五) 法律、法规规定的其他休假节日。

普法问答

公民放假的节日及纪念日有哪些?

《全国年节及纪念日放假办法》第 2 条、第 3 条规定,全体公民放假的节日:

(1) 元旦,放假 1 天(1 月 1 日);
(2) 春节,放假 4 天(农历除夕、正月初一至初三);
(3) 清明节,放假 1 天(农历清明当日);
(4) 劳动节,放假 2 天(5 月 1 日、2 日);
(5) 端午节,放假 1 天(农历端午当日);
(6) 中秋节,放假 1 天(农历中秋当日);
(7) 国庆节,放假 3 天(10 月 1 日至 3 日)。

部分公民放假的节日及纪念日:

(1) 妇女节(3 月 8 日),妇女放假半天;
(2) 青年节(5 月 4 日),14 周岁以上的青年放假半天;
(3) 儿童节(6 月 1 日),不满 14 周岁的少年儿童放假 1 天;
(4) 中国人民解放军建军纪念日(8 月 1 日),现役军人放假半天。

关联规定

《全国年节及纪念日放假办法》第 2—3 条

第四十一条　延长工作时间

用人单位由于生产经营需要,经与工会和劳动者协商后可以延长工作时间，一般每日不得超过一小时；因特殊原因需要延长工作时间的，在保障劳动者身体健康的条件下延长工作时间每日不得超过三小时，但是每月不得超过三十六小时。

普法问答

用人单位安排加班应当遵守哪些规定？

《劳动合同法》第31条规定，用人单位应当严格执行劳动定额标准，不得强迫或者变相强迫劳动者加班。用人单位安排加班的，应当按照国家有关规定向劳动者支付加班费。

关联规定

《劳动合同法》第31条

第四十二条　特殊情况下的延长工作时间

有下列情形之一的，延长工作时间不受本法第四十一条规定的限制：

（一）发生自然灾害、事故或者因其他原因，威胁劳动者生命健康和财产安全，需要紧急处理的；

（二）生产设备、交通运输线路、公共设施发生故障，影响生产和公众利益，必须及时抢修的；

（三）法律、行政法规规定的其他情形。

关联规定

《国务院关于职工工作时间的规定》第6条

第四十三条　用人单位延长工作时间的禁止

> 用人单位不得违反本法规定延长劳动者的工作时间。

第四十四条　延长工作时间的工资支付

> 有下列情形之一的，用人单位应当按照下列标准支付高于劳动者正常工作时间工资的工资报酬：
> （一）安排劳动者延长工作时间的，支付不低于工资的百分之一百五十的工资报酬；
> （二）休息日安排劳动者工作又不能安排补休的，支付不低于工资的百分之二百的工资报酬；
> （三）法定休假日安排劳动者工作的，支付不低于工资的百分之三百的工资报酬。

普法问答

劳动者如何主张加班费？

《最高人民法院关于审理劳动争议案件适用法律问题的解释（一）》第42条规定，劳动者主张加班费的，应当就加班事实的存在承担举证责任。但劳动者有证据证明用人单位掌握加班事实存在的证据，用人单位不提供的，由用人单位承担不利后果。

> 关联规定

《最高人民法院关于审理劳动争议案件适用法律问题的解释（一）》第 42 条

第四十五条　年休假制度

> 国家实行带薪年休假制度。
> 劳动者连续工作一年以上的，享受带薪年休假。具体办法由国务院规定。

> 普法问答

1. 什么是带薪年休假？

《职工带薪年休假条例》第 2 条、第 3 条规定，机关、团体、企业、事业单位、民办非企业单位、有雇工的个体工商户等单位的职工连续工作 1 年以上的，享受带薪年休假（以下简称年休假）。单位应当保证职工享受年休假。职工在年休假期间享受与正常工作期间相同的工资收入。

职工累计工作已满 1 年不满 10 年的，年休假 5 天；已满 10 年不满 20 年的，年休假 10 天；已满 20 年的，年休假 15 天。

国家法定休假日、休息日不计入年休假的假期。

2. 什么情形下，职工不享受当年的年休假？

《职工带薪年休假条例》第 4 条规定，职工有下列情形之一的，不享受当年的年休假：

（1）职工依法享受寒暑假，其休假天数多于年休假天数的；

（2）职工请事假累计20天以上且单位按照规定不扣工资的；

（3）累计工作满1年不满10年的职工，请病假累计2个月以上的；

（4）累计工作满10年不满20年的职工，请病假累计3个月以上的；

（5）累计工作满20年以上的职工，请病假累计4个月以上的。

3. 对未休年休假该如何处理？

《企业职工带薪年休假实施办法》第10条规定，用人单位经职工同意不安排年休假或者安排职工年休假天数少于应休年休假天数，应当在本年度内对职工应休未休年休假天数，按照其日工资收入的300%支付未休年休假工资报酬，其中包含用人单位支付职工正常工作期间的工资收入。

用人单位安排职工休年休假，但是职工因本人原因且书面提出不休年休假的，用人单位可以只支付其正常工作期间的工资收入。

关联规定

《职工带薪年休假条例》第2—4条；《企业职工带薪年休假实施办法》第10条

第五章　工　　资

第四十六条　工资分配基本原则

> 工资分配应当遵循按劳分配原则，实行同工同酬。
> 工资水平在经济发展的基础上逐步提高。国家对工资总量实行宏观调控。

普法问答

1. 工资总额由哪些部分组成？

根据国家统计局《关于工资总额组成的规定》第 4 条至第 10 条的规定，工资总额由下列六个部分组成：

（1）计时工资。计时工资是指按计时工资标准（包括地区生活费补贴）和工作时间支付给个人的劳动报酬。包括：对已做工作按计时工资标准支付的工资；实行结构工资制的单位支付给职工的基础工资和职务（岗位）工资；新参加工作职工的见习工资（学徒的生活费）；运动员体育津贴。

（2）计件工资。计件工资是指对已做工作按计件单价支付的劳动报酬。包括：实行超额累进计件、直接无限计件、限额计件、超定额计件等工资制，按劳动部门或主管部门批准的定额和计件单价支付给个人的工资；按工作任务包干方法支付给个人的工资；按营业额提成或利润提成办法支付给个人的工资。

（3）奖金。奖金是指支付给职工的超额劳动报酬和增收节支的劳动报酬。包括：生产奖；节约奖；劳动竞赛奖；机关、事业单位的奖励工资；其他奖金。

（4）津贴和补贴。津贴和补贴是指为了补偿职工特殊或额外的劳动消耗和因其他特殊原因支付给职工的津贴，以及为了保证职工工资水平不受物价影响支付给职工的物价补贴。津贴包括：补偿职工特殊或额外劳动消耗的津贴，保健性津贴，技术性津贴，年功性津贴及其他津贴。物价补贴包括：为保证职工工资水平不受物价上涨或变动影响而支付的各种补贴。

（5）加班加点工资。加班加点工资是指按规定支付的加班工资和加点工资。

（6）特殊情况下支付的工资。特殊情况下支付的工资包括：根据国家法律、法规和政策规定，因病、工伤、产假、计划生育假、婚丧假、事假、探亲假、定期休假、停工学习、执行国家或社会义务等原因按计时工资标准或计时工资标准的一定比例支付的工资；附加工资、保留工资。

2. 工资总额不包括的项目有哪些？

国家统计局《关于工资总额组成的规定》第 11 条规定，下列各项不列入工资总额的范围：

（1）根据国务院发布的有关规定颁发的发明创造奖、自然科学奖、科学技术进步奖和支付的合理化建议和技术改进奖以及支付给运动员、教练员的奖金；

（2）有关劳动保险和职工福利方面的各项费用；

（3）有关离休、退休、退职人员待遇的各项支出；

（4）劳动保护的各项支出；

（5）稿费、讲课费及其他专门工作报酬；

（6）出差伙食补助费、误餐补助、调动工作的旅费和安家费；

（7）对自带工具、牲畜来企业工作职工所支付的工具、牲畜等的补偿费用；

（8）实行租赁经营单位的承租人的风险性补偿收入；

（9）对购买本企业股票和债券的职工所支付的股息（包括股金分红）和利息；

（10）劳动合同制职工解除劳动合同时由企业支付的医疗补助费、生活补助费等；

（11）因录用临时工而在工资以外向提供劳动力单位支付的手续费或管理费；

（12）支付给家庭工人的加工费和按加工订货办法支付给承包单位的发包费用；

（13）支付给参加企业劳动的在校学生的补贴；

（14）计划生育独生子女补贴。

关联规定

《关于工资总额组成的规定》

第四十七条　用人单位自主确定工资分配

用人单位根据本单位的生产经营特点和经济效益，依法自主确定本单位的工资分配方式和工资水平。

第四十八条　最低工资保障

> 国家实行最低工资保障制度。最低工资的具体标准由省、自治区、直辖市人民政府规定，报国务院备案。
> 用人单位支付劳动者的工资不得低于当地最低工资标准。

普法问答

1. 什么是最低工资标准？

根据《最低工资规定》第3条第1款的规定，最低工资标准，是指劳动者在法定工作时间或依法签订的劳动合同约定的工作时间内提供了正常劳动的前提下，用人单位依法应支付的最低劳动报酬。

第5条规定，最低工资标准一般采取月最低工资标准和小时最低工资标准的形式。月最低工资标准适用于全日制就业劳动者，小时最低工资标准适用于非全日制就业劳动者。

2. 哪些情形下的工资不属于最低劳动报酬的范围？

《最低工资规定》第12条规定，在劳动者提供正常劳动的情况下，用人单位应支付给劳动者的工资在剔除下列各项以后，不得低于当地最低工资标准：

（1）延长工作时间工资；

（2）中班、夜班、高温、低温、井下、有毒有害等特殊工作环境、条件下的津贴；

（3）法律、法规和国家规定的劳动者福利待遇等。

实行计件工资或提成工资等工资形式的用人单位,在科学合理的劳动定额基础上,其支付劳动者的工资不得低于相应的最低工资标准。

劳动者由于本人原因造成在法定工作时间内或依法签订的劳动合同约定的工作时间内未提供正常劳动的,不适用于本条规定。

关联规定

《最低工资规定》第3条第1款、第5条、第12条

第四十九条　确定和调整最低工资标准的因素

> 确定和调整最低工资标准应当综合参考下列因素:
> (一)劳动者本人及平均赡养人口的最低生活费用;
> (二)社会平均工资水平;
> (三)劳动生产率;
> (四)就业状况;
> (五)地区之间经济发展水平的差异。

普法问答

如何制定最低工资标准的确定和调整方案?

《最低工资规定》第8条规定,最低工资标准的确定和调整方案,由省、自治区、直辖市人民政府劳动保障行政部门会同同级工会、企业联合会/企业家协会研究拟订,并将拟订的方案报送劳动

保障部*。方案内容包括最低工资确定和调整的依据、适用范围、拟订标准和说明。劳动保障部在收到拟订方案后，应征求全国总工会、中国企业联合会/企业家协会的意见。

劳动保障部对方案可以提出修订意见，若在方案收到后 14 日内未提出修订意见的，视为同意。

第 10 条规定，最低工资标准发布实施后，如本规定第 6 条所规定的相关因素即确定和调整最低工资标准的因素发生变化，应当适时调整。最低工资标准每两年至少调整一次。

关联规定

《最低工资规定》第 8 条、第 10 条

第五十条　工资支付形式和不得克扣、拖欠工资

> 工资应当以货币形式按月支付给劳动者本人。不得克扣或者无故拖欠劳动者的工资。

普法问答

农民工工资支付形式是什么？

《保障农民工工资支付条例》第 11 条规定，农民工工资应当以货币形式，通过银行转账或者现金支付给农民工本人，不得以实物或者有价证券等其他形式替代。

---

* 现为人力资源和社会保障部，下同。

> **关联规定**

《保障农民工工资支付条例》第 11 条

第五十一条　法定休假日等的工资支付

> 劳动者在法定休假日和婚丧假期间以及依法参加社会活动期间，用人单位应当依法支付工资。

> **关联规定**

《工资支付暂行规定》第 11 条

第六章　劳动安全卫生

第五十二条　劳动安全卫生制度的建立

> 用人单位必须建立、健全劳动安全卫生制度，严格执行国家劳动安全卫生规程和标准，对劳动者进行劳动安全卫生教育，防止劳动过程中的事故，减少职业危害。

普法问答

生产经营单位应当进行安全培训的从业人员有哪些？

《生产经营单位安全培训规定》第4条规定，生产经营单位应当进行安全培训的从业人员包括主要负责人、安全生产管理人员、特种作业人员和其他从业人员。

生产经营单位使用被派遣劳动者的，应当将被派遣劳动者纳入本单位从业人员统一管理，对被派遣劳动者进行岗位安全操作规程和安全操作技能的教育和培训。劳务派遣单位应当对被派遣劳动者进行必要的安全生产教育和培训。

生产经营单位接收中等职业学校、高等学校学生实习的，应当对实习学生进行相应的安全生产教育和培训，提供必要的劳动防护用品。学校应当协助生产经营单位对实习学生进行安全生产教育和培训。

生产经营单位从业人员应当接受安全培训，熟悉有关安全生产规章制度和安全操作规程，具备必要的安全生产知识，掌握本岗位的安全操作技能，了解事故应急处理措施，知悉自身在安全生产方面的权利和义务。

未经安全培训合格的从业人员，不得上岗作业。

关联规定

《生产经营单位安全培训规定》第 4 条；《劳动合同法》第 32 条

第五十三条　劳动安全卫生设施

劳动安全卫生设施必须符合国家规定的标准。

新建、改建、扩建工程的劳动安全卫生设施必须与主体工程同时设计、同时施工、同时投入生产和使用。

普法问答

产生职业病危害的用人单位，其工作场所应当符合哪些职业卫生要求？

《职业病防治法》第 15 条规定，产生职业病危害的用人单位的设立除应当符合法律、行政法规规定的设立条件外，其工作场所还应当符合下列职业卫生要求：

（1）职业病危害因素的强度或者浓度符合国家职业卫生标准；

（2）有与职业病危害防护相适应的设施；

（3）生产布局合理，符合有害与无害作业分开的原则；

（4）有配套的更衣间、洗浴间、孕妇休息间等卫生设施；

（5）设备、工具、用具等设施符合保护劳动者生理、心理健康的要求；

（6）法律、行政法规和国务院卫生行政部门关于保护劳动者健康的其他要求。

关联规定

《中华人民共和国安全生产法》（以下简称《安全生产法》）第31条、第63条、第65条；《职业病防治法》第14—15条；《中华人民共和国刑法》（以下简称《刑法》）第135条；《安全生产许可证条例》第6条

第五十四条　用人单位的劳动保护义务

> 用人单位必须为劳动者提供符合国家规定的劳动安全卫生条件和必要的劳动防护用品，对从事有职业危害作业的劳动者应当定期进行健康检查。

普法问答

1. 职业健康检查包含哪些类型？

《职业健康检查管理办法》第11条第1款规定，按照劳动者接触的职业病危害因素，职业健康检查分为以下六类：

（1）接触粉尘类；

（2）接触化学因素类；

（3）接触物理因素类；

（4）接触生物因素类；

（5）接触放射因素类；

（6）其他类（特殊作业等）。

2. 用人单位使用有毒物品作业场所须符合什么要求？

《使用有毒物品作业场所劳动保护条例》第 11 条第 2 款规定，用人单位使用有毒物品作业场所，除应当符合《职业病防治法》规定的职业卫生要求外，还必须符合下列要求：

（1）作业场所与生活场所分开，作业场所不得住人；

（2）有害作业与无害作业分开，高毒作业场所与其他作业场所隔离；

（3）设置有效的通风装置；可能突然泄漏大量有毒物品或者易造成急性中毒的作业场所，设置自动报警装置和事故通风设施；

（4）高毒作业场所设置应急撤离通道和必要的泄险区。

关联规定

《安全生产法》第二章；《职业健康检查管理办法》第 11 条；《职业病防治法》第三章；《使用有毒物品作业场所劳动保护条例》第 11—12 条；《用人单位劳动防护用品管理规范》

第五十五条　特种作业的上岗要求

> 从事特种作业的劳动者必须经过专门培训并取得特种作业资格。

普法问答

如何对特种作业人员进行安全技术培训？

《特种作业人员安全技术培训考核管理规定》第 10 条规定，对特种作业人员的安全技术培训，具备安全培训条件的生产经营单位应当以自主培训为主，也可以委托具备安全培训条件的机构进行培训。

不具备安全培训条件的生产经营单位，应当委托具备安全培训条件的机构进行培训。

生产经营单位委托其他机构进行特种作业人员安全技术培训的，保证安全技术培训的责任仍由本单位负责。

关联规定

《特种作业人员安全技术培训考核管理规定》

第五十六条　劳动者在安全生产中的权利和义务

> 劳动者在劳动过程中必须严格遵守安全操作规程。
> 劳动者对用人单位管理人员违章指挥、强令冒险作业，有权拒绝执行；对危害生命安全和身体健康的行为，有权提出批评、检举和控告。

普法问答

1. 用人单位违章指挥、强令冒险作业危及劳动者人身安全的，要承担什么后果？

根据《劳动合同法》第 38 条第 2 款、第 88 条第 2 项的规定，用人单位违章指挥、强令冒险作业危及劳动者人身安全的，一方面，劳动者可以立即解除劳动合同，不需事先告知用人单位。另一方面，用人单位会受到行政处罚；构成犯罪的，依法追究刑事责任；给劳动者造成损害的，应当承担赔偿责任。

2. 劳动者享有哪些职业卫生保护权利？

《使用有毒物品作业场所劳动保护条例》第 38 条第 1 款规定，劳动者享有下列职业卫生保护权利：

（1）获得职业卫生教育、培训；

（2）获得职业健康检查、职业病诊疗、康复等职业病防治服务；

（3）了解工作场所产生或者可能产生的职业中毒危害因素、危害后果和应当采取的职业中毒危害防护措施；

（4）要求用人单位提供符合防治职业病要求的职业中毒危害防护设施和个人使用的职业中毒危害防护用品，改善工作条件；

（5）对违反职业病防治法律、法规，危及生命、健康的行为提出批评、检举和控告；

（6）拒绝违章指挥和强令进行没有职业中毒危害防护措施的作业；

（7）参与用人单位职业卫生工作的民主管理，对职业病防治工作提出意见和建议。

关联规定

《劳动合同法》第 32 条、第 38 条、第 88 条；《安全生产法》第三章；《使用有毒物品作业场所劳动保护条例》第 37—38 条

第五十七条 伤亡事故和职业病的统计、报告和处理

国家建立伤亡事故和职业病统计报告和处理制度。县级以上各级人民政府劳动行政部门、有关部门和用人单位应当依法对劳动者在劳动过程中发生的伤亡事故和劳动者的职业病状况，进行统计、报告和处理。

普法问答

1. 生产经营单位发生生产安全事故后，应如何处理？

《安全生产法》第83条规定，生产经营单位发生生产安全事故后，事故现场有关人员应当立即报告本单位负责人。

单位负责人接到事故报告后，应当迅速采取有效措施，组织抢救，防止事故扩大，减少人员伤亡和财产损失，并按照国家有关规定立即如实报告当地负有安全生产监督管理职责的部门，不得隐瞒不报、谎报或者迟报，不得故意破坏事故现场、毁灭有关证据。

2. 用人单位发现职业病病人时，应如何报告？

《职业病防治法》第50条规定，用人单位和医疗卫生机构发现职业病病人或者疑似职业病病人时，应当及时向所在地卫生行政部门报告。确诊为职业病的，用人单位还应当向所在地劳动保障行政部门报告。接到报告的部门应当依法作出处理。

关联规定

《安全生产法》第83—85条；《职业病防治法》第50条、第51条、第62条、第63条；《中华人民共和国矿山安全法》第36—39条；《生产安全事故报告和调查处理条例》第10条；《建设项目职业病防护设施"三同时"监督管理办法》第10条

第七章　女职工和未成年工特殊保护

第五十八条　女职工和未成年工的特殊劳动保护

> 国家对女职工和未成年工实行特殊劳动保护。
> 未成年工是指年满十六周岁未满十八周岁的劳动者。

普法问答

1. 女职工孕期享受什么待遇？

《女职工劳动保护特别规定》第 6 条规定，女职工在孕期不能适应原劳动的，用人单位应当根据医疗机构的证明，予以减轻劳动量或者安排其他能够适应的劳动。

对怀孕 7 个月以上的女职工，用人单位不得延长劳动时间或者安排夜班劳动，并应当在劳动时间内安排一定的休息时间。

怀孕女职工在劳动时间内进行产前检查，所需时间计入劳动时间。

2. 招用已满 16 周岁未成年人的单位和个人，应当遵守什么规定？

《未成年人保护法》第 61 条第 3 款规定，招用已满 16 周岁未成年人的单位和个人应当执行国家在工种、劳动时间、劳动强度和保护措施等方面的规定，不得安排其从事过重、有毒、有害等危害未成年人身心健康的劳动或者危险作业。

关联规定

《妇女权益保障法》第47条；《未成年人保护法》第61条；《女职工劳动保护特别规定》；《未成年工特殊保护规定》

第五十九条　女职工禁忌从事的劳动范围

> 禁止安排女职工从事矿山井下、国家规定的第四级体力劳动强度的劳动和其他禁忌从事的劳动。

普法问答

女职工禁忌从事的劳动有哪些？

《女职工劳动保护特别规定》附录第1条规定，女职工禁忌从事的劳动范围：

（1）矿山井下作业；

（2）体力劳动强度分级标准中规定的第四级体力劳动强度的作业；

（3）每小时负重6次以上、每次负重超过20公斤的作业，或者间断负重、每次负重超过25公斤的作业。

关联规定

《女职工劳动保护特别规定》第4条及附录

第六十条　女职工经期的保护

> 不得安排女职工在经期从事高处、低温、冷水作业和国家规定的第三级体力劳动强度的劳动。

🔍 **普法问答**

女职工在经期禁忌从事哪些劳动?

《女职工劳动保护特别规定》附录第 2 条规定,女职工在经期禁忌从事的劳动范围:

(1) 冷水作业分级标准中规定的第二级、第三级、第四级冷水作业;

(2) 低温作业分级标准中规定的第二级、第三级、第四级低温作业;

(3) 体力劳动强度分级标准中规定的第三级、第四级体力劳动强度的作业;

(4) 高处作业分级标准中规定的第三级、第四级高处作业。

🔍 **关联规定**

《女职工劳动保护特别规定》附录第 2 条

第六十一条　女职工孕期的保护

> 不得安排女职工在怀孕期间从事国家规定的第三级体力劳动强度的劳动和孕期禁忌从事的劳动。对怀孕七个月以上的女职工,不得安排其延长工作时间和夜班劳动。

普法问答

女职工在孕期禁忌从事哪些劳动?

《女职工劳动保护特别规定》附录第3条规定,女职工在孕期禁忌从事的劳动范围:

(1) 作业场所空气中铅及其化合物、汞及其化合物、苯、镉、铍、砷、氰化物、氮氧化物、一氧化碳、二硫化碳、氯、己内酰胺、氯丁二烯、氯乙烯、环氧乙烷、苯胺、甲醛等有毒物质浓度超过国家职业卫生标准的作业;

(2) 从事抗癌药物、己烯雌酚生产,接触麻醉剂气体等的作业;

(3) 非密封源放射性物质的操作,核事故与放射事故的应急处置;

(4) 高处作业分级标准中规定的高处作业;

(5) 冷水作业分级标准中规定的冷水作业;

(6) 低温作业分级标准中规定的低温作业;

(7) 高温作业分级标准中规定的第三级、第四级的作业;

(8) 噪声作业分级标准中规定的第三级、第四级的作业;

(9) 体力劳动强度分级标准中规定的第三级、第四级体力劳动强度的作业;

(10) 在密闭空间、高压室作业或者潜水作业,伴有强烈振动的作业,或者需要频繁弯腰、攀高、下蹲的作业。

关联规定

《女职工劳动保护特别规定》附录第3条

第六十二条　女职工产期的保护

> 女职工生育享受不少于九十天的产假。

普法问答

国家对女职工生育享受的产假具体是如何规定的？

《女职工劳动保护特别规定》第 7 条规定，女职工生育享受 98 天产假，其中产前可以休假 15 天；难产的，增加产假 15 天；生育多胞胎的，每多生育 1 个婴儿，增加产假 15 天。

女职工怀孕未满 4 个月流产的，享受 15 天产假；怀孕满 4 个月流产的，享受 42 天产假。

《中华人民共和国人口与计划生育法》（以下简称《人口与计划生育法》）第 25 条第 1 款规定，符合法律、法规规定生育子女的夫妻，可以获得延长生育假的奖励或者其他福利待遇。

各地通过地方人口与计划生育管理条例对女职工产假及相关待遇作出了不同的地方性规定，如《北京市人口与计划生育条例》第 19 条规定，按规定生育子女的夫妻，女方除享受国家规定的产假外，享受延长生育假 60 日，男方享受陪产假 15 日。男女双方休假期间，机关、企业事业单位、社会团体和其他组织不得将其辞退、与其解除劳动或者聘用合同，工资不得降低；法律另有规定的，从其规定。女方经所在机关、企业事业单位、社会团体和其他组织同意，可以再增加假期 1 至 3 个月。按规定生育子女的夫妻，在子女满 3 周岁前，每人每年享受 5 个工作日的育儿假；每年按照子女满周岁计算。夫妻双方经所在机关、企业事业单位、社会团体和其他组织同意，可以调整延长生育假、育儿假的假期分配。女方自愿减少延长生育假的，男方享受的陪产假可以增加相应天数；夫妻双方享受的育儿假合计不超过 10 个工作日。

关联规定

《女职工劳动保护特别规定》第 7 条；《人口与计划生育法》第 25 条第 1 款；《北京市人口与计划生育条例》第 19 条

第六十三条 女职工哺乳期的保护

> 不得安排女职工在哺乳未满一周岁的婴儿期间从事国家规定的第三级体力劳动强度的劳动和哺乳期禁忌从事的其他劳动，不得安排其延长工作时间和夜班劳动。

普法问答

1. 女职工在哺乳期享受什么待遇？

《女职工劳动保护特别规定》第 9 条规定，对哺乳未满 1 周岁婴儿的女职工，用人单位不得延长劳动时间或者安排夜班劳动。

用人单位应当在每天的劳动时间内为哺乳期女职工安排 1 小时哺乳时间；女职工生育多胞胎的，每多哺乳 1 个婴儿每天增加 1 小时哺乳时间。

2. 女职工在哺乳期禁忌从事哪些劳动？

《女职工劳动保护特别规定》附录第 4 条规定，女职工在哺乳期禁忌从事的劳动范围：

（1）孕期禁忌从事的劳动范围的第 1 项、第 3 项、第 9 项；

（2）作业场所空气中锰、氟、溴、甲醇、有机磷化合物、有机氯化合物等有毒物质浓度超过国家职业卫生标准的作业。

关联规定

《女职工劳动保护特别规定》第9条及附录第4条

第六十四条　未成年工禁忌从事的劳动范围

> 不得安排未成年工从事矿山井下、有毒有害、国家规定的第四级体力劳动强度的劳动和其他禁忌从事的劳动。

普法问答

雇用童工可能会受到什么刑事处罚？

《刑法》第244条之一规定了雇用童工从事危重劳动罪。违反劳动管理法规，雇用未满16周岁的未成年人从事超强度体力劳动的，或者从事高空、井下作业的，或者在爆炸性、易燃性、放射性、毒害性等危险环境下从事劳动，情节严重的，对直接责任人员，处3年以下有期徒刑或者拘役，并处罚金；情节特别严重的，处3年以上7年以下有期徒刑，并处罚金。

有前述行为，造成事故，又构成其他犯罪的，依照数罪并罚的规定处罚。

关联规定

《刑法》第244条之一；《未成年人保护法》第17条；《未成年工特殊保护规定》

第六十五条　未成年工定期健康检查

用人单位应当对未成年工定期进行健康检查。

普法问答

用人单位对未成年工定期进行健康检查应符合什么要求？

《未成年工特殊保护规定》第 6 条规定，用人单位应按下列要求对未成年工定期进行健康检查：

（1）安排工作岗位之前；
（2）工作满 1 年；
（3）年满 18 周岁，距前一次的体检时间已超过半年。

关联规定

《未成年工特殊保护规定》；《职业健康检查管理办法》第 11 条

第八章 职业培训

第六十六条 国家发展职业培训事业

> 国家通过各种途径，采取各种措施，发展职业培训事业，开发劳动者的职业技能，提高劳动者素质，增强劳动者的就业能力和工作能力。

普法问答

职业培训包括哪些内容？谁可以开展职业培训？

《职业教育法》第 16 条规定，职业培训包括就业前培训、在职培训、再就业培训及其他职业性培训，可以根据实际情况分级分类实施。

职业培训可以由相应的职业培训机构、职业学校实施。

其他学校或者教育机构以及企业、社会组织可以根据办学能力、社会需求，依法开展面向社会的、多种形式的职业培训。

关联规定

《职业教育法》第 16 条；《就业促进法》第 44—47 条

第六十七条　各级政府的职责

各级人民政府应当把发展职业培训纳入社会经济发展的规划，鼓励和支持有条件的企业、事业组织、社会团体和个人进行各种形式的职业培训。

关联规定

《职业教育法》第 10 条

第六十八条　用人单位建立职业培训制度

用人单位应当建立职业培训制度，按照国家规定提取和使用职业培训经费，根据本单位实际，有计划地对劳动者进行职业培训。

从事技术工种的劳动者，上岗前必须经过培训。

关联规定

《劳动合同法》第 22 条

第六十九条　职业技能资格

国家确定职业分类，对规定的职业制定职业技能标准，实行职业资格证书制度，由经备案的考核鉴定机构负责对劳动者实施职业技能考核鉴定。

关联规定

《职业教育法》第11条;《中华人民共和国农业法》第55条

第九章　社会保险和福利

第七十条　社会保险制度

> 国家发展社会保险事业,建立社会保险制度,设立社会保险基金,使劳动者在年老、患病、工伤、失业、生育等情况下获得帮助和补偿。

普法问答

1. 基本养老保险费的征缴范围是什么?

根据《社会保险费征缴暂行条例》第3条第1款的规定,基本养老保险费的征缴范围是国有企业、城镇集体企业、外商投资企业、城镇私营企业和其他城镇企业及其职工,实行企业化管理的事业单位及其职工。

2. 基本医疗保险费的征缴范围是什么?

根据《社会保险费征缴暂行条例》第3条第2款的规定,基本医疗保险费的征缴范围是国有企业、城镇集体企业、外商投资企业、城镇私营企业和其他城镇企业及其职工,国家机关及其工作人员,事业单位及其职工,民办非企业单位及其职工,社会团体及其专职人员。

3. 工伤保险费的征缴范围是什么？

根据《工伤保险条例》第2条第1款的规定，工伤保险的征缴范围是中华人民共和国境内的企业、事业单位、社会团体、民办非企业单位、基金会、律师事务所、会计师事务所等组织和有雇工的个体工商户。

4. 失业保险费的征缴范围是什么？

根据《社会保险费征缴暂行条例》第3条第3款的规定，失业保险费的征缴范围是国有企业、城镇集体企业、外商投资企业、城镇私营企业和其他城镇企业及其职工，事业单位及其职工。

关联规定

《社会保险法》第2条；《社会保险费征缴暂行条例》第2—3条；《工伤保险条例》第2条第1款；《国务院办公厅关于全面推进生育保险和职工基本医疗保险合并实施的意见》；《人力资源社会保障部、财政部、国家卫生计生委关于做好当前生育保险工作的意见》；《人力资源社会保障部、财政部关于调整失业保险金标准的指导意见》；《人力资源社会保障部关于执行〈工伤保险条例〉若干问题的意见》；《人力资源社会保障部关于执行〈工伤保险条例〉若干问题的意见（二）》

第七十一条 社会保险水平

> 社会保险水平应当与社会经济发展水平和社会承受能力相适应。

关联规定

《宪法》第 14 条第 4 款；《社会保险法》第 3 条

第七十二条 社会保险基金

社会保险基金按照保险类型确定资金来源，逐步实行社会统筹。用人单位和劳动者必须依法参加社会保险，缴纳社会保险费。

普法问答

1. 用人单位与劳动者约定或者劳动者向用人单位承诺无需缴纳社会保险费，该约定或者承诺有效吗？有什么后果？

《最高人民法院关于审理劳动争议案件适用法律问题的解释（二）》第 19 条规定，用人单位与劳动者约定或者劳动者向用人单位承诺无需缴纳社会保险费的，人民法院应当认定该约定或者承诺无效。用人单位未依法缴纳社会保险费，劳动者根据《劳动合同法》第 38 条第 1 款第 3 项规定请求解除劳动合同、由用人单位支付经济补偿的，人民法院依法予以支持。

有前述规定情形，用人单位依法补缴社会保险费后，请求劳动者返还已支付的社会保险费补偿的，人民法院依法予以支持。

2. 被派遣劳动者如何参加社会保险？

《劳务派遣暂行规定》第 18 条规定，劳务派遣单位跨地区派遣劳动者的，应当在用工单位所在地为被派遣劳动者参加社会保险，按照用工单位所在地的规定缴纳社会保险费,被派遣劳动者按照国家规定享受社会保险待遇。

第19条规定,劳务派遣单位在用工单位所在地设立分支机构的,由分支机构为被派遣劳动者办理参保手续,缴纳社会保险费。

劳务派遣单位未在用工单位所在地设立分支机构的,由用工单位代劳务派遣单位为被派遣劳动者办理参保手续,缴纳社会保险费。

关联规定

《社会保险法》第57—58条;《劳动合同法》第38条;《劳务派遣暂行规定》第18—19条

第七十三条 享受社会保险待遇的条件和标准

劳动者在下列情形下,依法享受社会保险待遇:
(一)退休;
(二)患病、负伤;
(三)因工伤残或者患职业病;
(四)失业;
(五)生育。
劳动者死亡后,其遗属依法享受遗属津贴。
劳动者享受社会保险待遇的条件和标准由法律、法规规定。
劳动者享受的社会保险金必须按时足额支付。

普法问答

1. 参加基本养老保险的个人，按月领取基本养老金需满足什么条件？

《社会保险法》第16条规定，参加基本养老保险的个人，达到法定退休年龄时累计缴费满15年的，按月领取基本养老金。

参加基本养老保险的个人，达到法定退休年龄时累计缴费不足15年的，可以缴费至满15年，按月领取基本养老金；也可以转入新型农村社会养老保险或者城镇居民社会养老保险，按照国务院规定享受相应的养老保险待遇。

2. 在什么情形下，应当认定为工伤？

根据《工伤保险条例》第14条的规定，职工有下列情形之一的，应当认定为工伤：

（1）在工作时间和工作场所内，因工作原因受到事故伤害的；

（2）工作时间前后在工作场所内，从事与工作有关的预备性或者收尾性工作受到事故伤害的；

（3）在工作时间和工作场所内，因履行工作职责受到暴力等意外伤害的；

（4）患职业病的；

（5）因工外出期间，由于工作原因受到伤害或者发生事故下落不明的；

（6）在上下班途中，受到非本人主要责任的交通事故或者城市轨道交通、客运轮渡、火车事故伤害的；

（7）法律、行政法规规定应当认定为工伤的其他情形。

3. 在什么情形下，视同工伤？

根据《工伤保险条例》第 15 条的规定，职工有下列情形之一的，视同工伤：

（1）在工作时间和工作岗位，突发疾病死亡或者在 48 小时之内经抢救无效死亡的；

（2）在抢险救灾等维护国家利益、公共利益活动中受到伤害的；

（3）职工原在军队服役，因战、因公负伤致残，已取得革命伤残军人证，到用人单位后旧伤复发的。

职工有前述第 1 项、第 2 项情形的，按照本条例的有关规定享受工伤保险待遇；职工有前述第 3 项情形的，按照本条例的有关规定享受除一次性伤残补助金以外的工伤保险待遇。

4. 失业人员从失业保险基金中领取失业保险金，需要符合什么条件？

《社会保险法》第 45 条规定，失业人员符合下列条件的，从失业保险基金中领取失业保险金：

（1）失业前用人单位和本人已经缴纳失业保险费满 1 年的；

（2）非因本人意愿中断就业的；

（3）已经进行失业登记，并有求职要求的。

关联规定

《社会保险法》；《工伤保险条例》；《失业保险条例》；《工伤认定办法》；《最高人民法院关于审理工伤保险行政案件若干问题的规定》第 4 条

第七十四条　社会保险基金管理

社会保险基金经办机构依照法律规定收支、管理和运营社会保险基金，并负有使社会保险基金保值增值的责任。

社会保险基金监督机构依照法律规定，对社会保险基金的收支、管理和运营实施监督。

社会保险基金经办机构和社会保险基金监督机构的设立和职能由法律规定。

任何组织和个人不得挪用社会保险基金。

普法问答

养老基金投资应符合哪些要求？

《国务院关于印发基本养老保险基金投资管理办法的通知》第12条规定，国家对养老基金投资实行严格监管。养老基金投资应当严格遵守相关法律法规，严禁从事内幕交易、利用未公开信息交易、操纵市场等违法行为，严禁通过关联交易等损害养老基金及他人利益、获取不正当利益。任何组织和个人不得贪污、侵占、挪用投资运营的养老基金。

关联规定

《社会保险法》第72—73条；《国务院关于印发基本养老保险基金投资管理办法的通知》；《人力资源和社会保障部、财政部关于进一步加强基本医疗保险基金管理的指导意见》

第七十五条　补充保险和个人储蓄性保险

> 国家鼓励用人单位根据本单位实际情况为劳动者建立补充保险。
>
> 国家提倡劳动者个人进行储蓄性保险。

普法问答

1. 什么是企业年金？

《企业年金办法》第 2 条、第 3 条规定，企业年金，是指企业及其职工在依法参加基本养老保险的基础上，自主建立的补充养老保险制度。国家鼓励企业建立企业年金。建立企业年金，应当按照本办法执行。

企业年金所需费用由企业和职工个人共同缴纳。企业年金基金实行完全积累，为每个参加企业年金的职工建立个人账户，按照国家有关规定投资运营。企业年金基金投资运营收益并入企业年金基金。

2. 什么是个人养老金？

《个人养老金实施办法》第 2 条规定，个人养老金是指政府政策支持、个人自愿参加、市场化运营、实现养老保险补充功能的制度。个人养老金实行个人账户制，缴费完全由参加人个人承担，自主选择购买符合规定的储蓄存款、理财产品、商业养老保险、公募基金等金融产品（以下统称个人养老金产品），实行完全积累，按照国家有关规定享受税收优惠政策。

3. 个人养老金的缴费额度是多少？

《个人养老金实施办法》第 8 条规定，参加人每年缴纳个人养老金额度上限为 12000 元，参加人每年缴费不得超过该缴费额度上限。人力资源社会保障部、财政部根据经济社会发展水平、多层次养老保险体系发展情况等因素适时调整缴费额度上限。

关联规定

《企业年金办法》第 2—3 条；《个人养老金实施办法》第 2 条、第 8 条。

第七十六条 职工福利

> 国家发展社会福利事业，兴建公共福利设施，为劳动者休息、休养和疗养提供条件。
> 用人单位应当创造条件，改善集体福利，提高劳动者的福利待遇。

关联规定

《工会法》第 31 条

第十章 劳动争议

第七十七条 劳动争议的解决途径

> 用人单位与劳动者发生劳动争议,当事人可以依法申请调解、仲裁、提起诉讼,也可以协商解决。
> 调解原则适用于仲裁和诉讼程序。

普法问答

1. 属于劳动争议的纠纷有哪些?

《最高人民法院关于审理劳动争议案件适用法律问题的解释(一)》第1条规定,劳动者与用人单位之间发生的下列纠纷,属于劳动争议,当事人不服劳动争议仲裁机构作出的裁决,依法提起诉讼的,人民法院应予受理:

(1) 劳动者与用人单位在履行劳动合同过程中发生的纠纷;

(2) 劳动者与用人单位之间没有订立书面劳动合同,但已形成劳动关系后发生的纠纷;

(3) 劳动者与用人单位因劳动关系是否已经解除或者终止,以及应否支付解除或者终止劳动关系经济补偿金发生的纠纷;

(4) 劳动者与用人单位解除或者终止劳动关系后,请求用人单位返还其收取的劳动合同定金、保证金、抵押金、抵押物发生的纠纷,或者办理劳动者的人事档案、社会保险关系等移转手续发生的纠纷；

（5）劳动者以用人单位未为其办理社会保险手续，且社会保险经办机构不能补办导致其无法享受社会保险待遇为由，要求用人单位赔偿损失发生的纠纷；

（6）劳动者退休后，与尚未参加社会保险统筹的原用人单位因追索养老金、医疗费、工伤保险待遇和其他社会保险待遇而发生的纠纷；

（7）劳动者因为工伤、职业病，请求用人单位依法给予工伤保险待遇发生的纠纷；

（8）劳动者依据《劳动合同法》第85条规定，要求用人单位支付加付赔偿金发生的纠纷；

（9）因企业自主进行改制发生的纠纷。

2. 哪些纠纷不属于劳动争议？

《最高人民法院关于审理劳动争议案件适用法律问题的解释（一）》第2条规定，下列纠纷不属于劳动争议：

（1）劳动者请求社会保险经办机构发放社会保险金的纠纷；

（2）劳动者与用人单位因住房制度改革产生的公有住房转让纠纷；

（3）劳动者对劳动能力鉴定委员会的伤残等级鉴定结论或者对职业病诊断鉴定委员会的职业病诊断鉴定结论的异议纠纷；

（4）家庭或者个人与家政服务人员之间的纠纷；

（5）个体工匠与帮工、学徒之间的纠纷；

（6）农村承包经营户与受雇人之间的纠纷。

3. 发生劳动争议，当事人可以到哪些调解组织申请调解？

《劳动争议调解仲裁法》第 10 条第 1 款规定，发生劳动争议，当事人可以到下列调解组织申请调解：

（1）企业劳动争议调解委员会；

（2）依法设立的基层人民调解组织；

（3）在乡镇、街道设立的具有劳动争议调解职能的组织。

关联规定

《劳动合同法》第 77 条；《劳动争议调解仲裁法》第 10 条；《劳动保障监察条例》第 21 条；《最高人民法院关于审理劳动争议案件适用法律问题的解释（一）》；《最高人民法院关于当前形势下做好劳动争议纠纷案件审判工作的指导意见》

第七十八条 劳动争议的处理原则

> 解决劳动争议，应当根据合法、公正、及时处理的原则，依法维护劳动争议当事人的合法权益。

关联规定

《劳动争议调解仲裁法》第 3 条

第七十九条 劳动争议的调解、仲裁和诉讼的相互关系

> 劳动争议发生后，当事人可以向本单位劳动争议调解委员会申请调解；调解不成，当事人一方要求仲裁的，可

以向劳动争议仲裁委员会申请仲裁。当事人一方也可以直接向劳动争议仲裁委员会申请仲裁。对仲裁裁决不服的，可以向人民法院提起诉讼。

普法问答

1. 哪些劳动争议可以适用《劳动争议调解仲裁法》申请调解或仲裁？

《劳动争议调解仲裁法》第 2 条规定，中华人民共和国境内的用人单位与劳动者发生的下列劳动争议，适用本法：

（1）因确认劳动关系发生的争议；
（2）因订立、履行、变更、解除和终止劳动合同发生的争议；
（3）因除名、辞退和辞职、离职发生的争议；
（4）因工作时间、休息休假、社会保险、福利、培训以及劳动保护发生的争议；
（5）因劳动报酬、工伤医疗费、经济补偿或者赔偿金等发生的争议；
（6）法律、法规规定的其他劳动争议。

2. 劳动争议仲裁机构以无管辖权为由对劳动争议案件不予受理，当事人提起诉讼的，法院如何处理？

《最高人民法院关于审理劳动争议案件适用法律问题的解释（一）》第 5 条规定，劳动争议仲裁机构以无管辖权为由对劳动争议案件不予受理，当事人提起诉讼的，人民法院按照以下情形分别处理：

（1）经审查认为该劳动争议仲裁机构对案件确无管辖权的，应当告知当事人向有管辖权的劳动争议仲裁机构申请仲裁；

（2）经审查认为该劳动争议仲裁机构有管辖权的，应当告知当事人申请仲裁，并将审查意见书面通知该劳动争议仲裁机构；劳动争议仲裁机构仍不受理，当事人就该劳动争议事项提起诉讼的，人民法院应予受理。

关联规定

《劳动争议调解仲裁法》；《最高人民法院关于审理劳动争议案件适用法律问题的解释（一）》第5条

第八十条　劳动争议的调解

在用人单位内，可以设立劳动争议调解委员会。劳动争议调解委员会由职工代表、用人单位代表和工会代表组成。劳动争议调解委员会主任由工会代表担任。

劳动争议经调解达成协议的，当事人应当履行。

普法问答

什么情形下，当事人达成的调解协议可以向法院申请司法确认？

《最高人民法院关于审理劳动争议案件适用法律问题的解释（一）》第52条规定，当事人在人民调解委员会主持下仅就给付义务达成的调解协议，双方认为有必要的，可以共同向人民调解委员会所在地的基层人民法院申请司法确认。

关联规定

《劳动争议调解仲裁法》第 10 条第 2 款;《最高人民法院关于审理劳动争议案件适用法律问题的解释(一)》第 52 条

第八十一条　劳动争议仲裁委员会的组成

> 劳动争议仲裁委员会由劳动行政部门代表、同级工会代表、用人单位方面的代表组成。劳动争议仲裁委员会主任由劳动行政部门代表担任。

关联规定

《劳动争议调解仲裁法》第 31 条

第八十二条　劳动争议仲裁的程序

> 提出仲裁要求的一方应当自劳动争议发生之日起六十日内向劳动争议仲裁委员会提出书面申请。仲裁裁决一般应在收到仲裁申请的六十日内作出。对仲裁裁决无异议的,当事人必须履行。

普法问答

1. 劳动争议申请仲裁的时效期间是多久?

《劳动争议调解仲裁法》第 27 条规定,劳动争议申请仲裁的时效期间为1年。仲裁时效期间从当事人知道或者应当知道其权利被侵害之日起计算。但有以下三种例外情形：

（1）前述规定的仲裁时效，因当事人一方向对方当事人主张权利，或者向有关部门请求权利救济，或者对方当事人同意履行义务而中断。从中断时起，仲裁时效期间重新计算。

（2）因不可抗力或者有其他正当理由，当事人不能在前述规定的仲裁时效期间申请仲裁的，仲裁时效中止。从中止时效的原因消除之日起，仲裁时效期间继续计算。

（3）劳动关系存续期间因拖欠劳动报酬发生争议的，劳动者申请仲裁不受前述规定的仲裁时效期间的限制；但是，劳动关系终止的，应当自劳动关系终止之日起1年内提出。

2. 当事人在仲裁期间因自身原因未提出仲裁时效抗辩，可以在一审或者二审诉讼期间提出仲裁时效抗辩吗？

《最高人民法院关于审理劳动争议案件适用法律问题的解释（二）》第20条第1款规定，当事人在仲裁期间因自身原因未提出仲裁时效抗辩，在一审或者二审诉讼期间提出仲裁时效抗辩的，人民法院不予支持。当事人基于新的证据能够证明对方当事人请求权的仲裁时效期间届满的，人民法院应予支持。

关联规定

《劳动争议调解仲裁法》第27条；《最高人民法院关于审理劳动争议案件适用法律问题的解释（二）》第20条

第八十三条　仲裁裁决的效力

> 劳动争议当事人对仲裁裁决不服的，可以自收到仲裁裁决书之日起十五日内向人民法院提起诉讼。一方当事人在法定期限内不起诉又不履行仲裁裁决的，另一方当事人可以申请人民法院强制执行。

普法问答

1. 哪些劳动争议的仲裁裁决不是终局裁决？

《劳动争议调解仲裁法》第47条规定，下列劳动争议，除本法另有规定的外，仲裁裁决为终局裁决，裁决书自作出之日起发生法律效力：

（1）追索劳动报酬、工伤医疗费、经济补偿或者赔偿金，不超过当地月最低工资标准12个月金额的争议；

（2）因执行国家的劳动标准在工作时间、休息休假、社会保险等方面发生的争议。

2. 劳动者对不是终局裁决的仲裁裁决不服的，应当在什么期限内提起诉讼？

《劳动争议调解仲裁法》第48条规定，劳动者对本法第47条规定的仲裁裁决不服的，可以自收到仲裁裁决书之日起15日内向人民法院提起诉讼。

3. 什么情形下，用人单位可以向法院申请撤销裁决？

《劳动争议调解仲裁法》第49条规定，用人单位有证据证明本法第 47 条规定的仲裁裁决有下列情形之一，可以自收到仲裁裁决书之日起 30 日内向劳动争议仲裁委员会所在地的中级人民法院申请撤销裁决：

（1）适用法律、法规确有错误的；

（2）劳动争议仲裁委员会无管辖权的；

（3）违反法定程序的；

（4）裁决所根据的证据是伪造的；

（5）对方当事人隐瞒了足以影响公正裁决的证据的；

（6）仲裁员在仲裁该案时有索贿受贿、徇私舞弊、枉法裁决行为的。

人民法院经组成合议庭审查核实裁决有前述规定情形之一的，应当裁定撤销。

仲裁裁决被人民法院裁定撤销的，当事人可以自收到裁定书之日起 15 日内就该劳动争议事项向人民法院提起诉讼。

4. 当事人对终局裁决的仲裁裁决不服的，可以在什么期限内提起诉讼？

《劳动争议调解仲裁法》第 50 条规定，当事人对本法第 47 条规定以外的其他劳动争议案件的仲裁裁决不服的，可以自收到仲裁裁决书之日起 15 日内向人民法院提起诉讼；期满不起诉的，裁决书发生法律效力。

5. 仲裁裁决书未载明是否为终局裁决，用人单位不服该仲裁裁决向基层人民法院提起诉讼的，法院应当受理吗？

《最高人民法院关于审理劳动争议案件适用法律问题的解释（一）》第 18 条规定，仲裁裁决的类型以仲裁裁决书确定为准。仲裁裁决书未载明该裁决为终局裁决或者非终局裁决，用人单位不服该仲裁裁决向基层人民法院提起诉讼的，应当按照以下情形分别处理：

（1）经审查认为该仲裁裁决为非终局裁决的，基层人民法院应予受理；

（2）经审查认为该仲裁裁决为终局裁决的，基层人民法院不予受理，但应告知用人单位可以自收到不予受理裁定书之日起 30 日内向劳动争议仲裁机构所在地的中级人民法院申请撤销该仲裁裁决；已经受理的，裁定驳回起诉。

关联规定

《劳动争议调解仲裁法》第 47—51 条；《最高人民法院关于审理劳动争议案件适用法律问题的解释（一）》第 18 条；《最高人民法院关于人民法院对经劳动争议仲裁裁决的纠纷准予撤诉或驳回起诉后劳动争议仲裁裁决从何时起生效的解释》

第八十四条　集体合同争议的处理

> 因签订集体合同发生争议，当事人协商解决不成的，当地人民政府劳动行政部门可以组织有关各方协调处理。
>
> 因履行集体合同发生争议，当事人协商解决不成的，可以向劳动争议仲裁委员会申请仲裁；对仲裁裁决不服的，可以自收到仲裁裁决书之日起十五日内向人民法院提起诉讼。

第十一章 监督检查

第八十五条 劳动行政部门的监督检查

> 县级以上各级人民政府劳动行政部门依法对用人单位遵守劳动法律、法规的情况进行监督检查,对违反劳动法律、法规的行为有权制止,并责令改正。

普法问答

县级以上地方人民政府劳动行政部门依法对哪些实施劳动合同制度的情况进行监督检查?

《劳动合同法》第74条规定,县级以上地方人民政府劳动行政部门依法对下列实施劳动合同制度的情况进行监督检查:

(1) 用人单位制定直接涉及劳动者切身利益的规章制度及其执行的情况;

(2) 用人单位与劳动者订立和解除劳动合同的情况;

(3) 劳务派遣单位和用工单位遵守劳务派遣有关规定的情况;

(4) 用人单位遵守国家关于劳动者工作时间和休息休假规定的情况;

(5) 用人单位支付劳动合同约定的劳动报酬和执行最低工资标准的情况;

(6) 用人单位参加各项社会保险和缴纳社会保险费的情况;

(7) 法律、法规规定的其他劳动监察事项。

关联规定

《劳动合同法》第 73 条、第 74 条；《劳动保障监察条例》；《重大劳动保障违法行为社会公布办法》

第八十六条　劳动监察机构的监督程序

> 县级以上各级人民政府劳动行政部门监督检查人员执行公务，有权进入用人单位了解执行劳动法律、法规的情况，查阅必要的资料，并对劳动场所进行检查。
>
> 县级以上各级人民政府劳动行政部门监督检查人员执行公务，必须出示证件，秉公执法并遵守有关规定。

普法问答

县级以上地方人民政府劳动行政部门实施监督检查时，可以检查哪些材料和场所？

《劳动合同法》第 75 条规定，县级以上地方人民政府劳动行政部门实施监督检查时，有权查阅与劳动合同、集体合同有关的材料，有权对劳动场所进行实地检查，用人单位和劳动者都应当如实提供有关情况和材料。

劳动行政部门的工作人员进行监督检查，应当出示证件，依法行使职权，文明执法。

> 关联规定

《劳动合同法》第 75 条

第八十七条　政府有关部门的监督

县级以上各级人民政府有关部门在各自职责范围内,对用人单位遵守劳动法律、法规的情况进行监督。

> 关联规定

《劳动合同法》第 74 条、第 76 条

第八十八条　工会监督、社会监督

各级工会依法维护劳动者的合法权益,对用人单位遵守劳动法律、法规的情况进行监督。

任何组织和个人对于违反劳动法律、法规的行为有权检举和控告。

> 关联规定

《公司法》第 17 条;《劳动合同法》第 6 条、第 78 条、第 79 条;《劳动保障监察条例》第 7 条

第十二章　法律责任

第八十九条　劳动规章制度违法的法律责任

> 用人单位制定的劳动规章制度违反法律、法规规定的，由劳动行政部门给予警告，责令改正；对劳动者造成损害的，应当承担赔偿责任。

关联规定

《劳动合同法》第 80 条

第九十条　违法延长工时的法律责任

> 用人单位违反本法规定，延长劳动者工作时间的，由劳动行政部门给予警告，责令改正，并可以处以罚款。

第九十一条　用人单位侵权的民事责任

> 用人单位有下列侵害劳动者合法权益情形之一的，由劳动行政部门责令支付劳动者的工资报酬、经济补偿，并可以责令支付赔偿金：
> （一）克扣或者无故拖欠劳动者工资的；
> （二）拒不支付劳动者延长工作时间工资报酬的；

(三)低于当地最低工资标准支付劳动者工资的;

(四)解除劳动合同后,未依照本法规定给予劳动者经济补偿的。

普法问答

1. 用人单位逃避支付劳动者的劳动报酬或者有能力支付而不支付劳动者的劳动报酬,可能会承担什么刑事责任?

《刑法》第276条之一规定了拒不支付劳动报酬罪。以转移财产、逃匿等方法逃避支付劳动者的劳动报酬或者有能力支付而不支付劳动者的劳动报酬,数额较大,经政府有关部门责令支付仍不支付的,处3年以下有期徒刑或者拘役,并处或者单处罚金;造成严重后果的,处3年以上7年以下有期徒刑,并处罚金。

单位犯该罪的,对单位判处罚金,并对其直接负责的主管人员和其他直接责任人员,依照前述规定处罚。

有前述行为,尚未造成严重后果,在提起公诉前支付劳动者的劳动报酬,并依法承担相应赔偿责任的,可以减轻或者免除处罚。

2. 哪些情形应当认定为"以转移财产、逃匿等方法逃避支付劳动者的劳动报酬"?

根据《最高人民法院关于审理拒不支付劳动报酬刑事案件适用法律若干问题的解释》第2条的规定,以逃避支付劳动者的劳动报酬为目的,具有下列情形之一的,应当认定为《刑法》第276条之一第1款规定的"以转移财产、逃匿等方法逃避支付劳动者的劳动报酬"：

（1）隐匿财产、恶意清偿、虚构债务、虚假破产、虚假倒闭或者以其他方法转移、处分财产的；

（2）逃跑、藏匿的；

（3）隐匿、销毁或者篡改账目、职工名册、工资支付记录、考勤记录等与劳动报酬相关的材料的；

（4）以其他方法逃避支付劳动报酬的。

3. 用人单位有哪些情形，迫使劳动者提出解除劳动合同的，应当支付劳动者的劳动报酬和经济补偿，并可支付赔偿金？

《最高人民法院关于审理劳动争议案件适用法律问题的解释（一）》第45条规定，用人单位有下列情形之一，迫使劳动者提出解除劳动合同的，用人单位应当支付劳动者的劳动报酬和经济补偿，并可支付赔偿金：

（1）以暴力、威胁或者非法限制人身自由的手段强迫劳动的；

（2）未按照劳动合同约定支付劳动报酬或者提供劳动条件的；

（3）克扣或者无故拖欠劳动者工资的；

（4）拒不支付劳动者延长工作时间工资报酬的；

（5）低于当地最低工资标准支付劳动者工资的。

关联规定

《最高人民法院关于审理劳动争议案件适用法律问题的解释（一）》第45条；《拖欠农民工工资失信联合惩戒对象名单管理暂行办法》；《刑法》第276条之一；《最高人民法院关于审理拒不支付劳动报酬刑事案件适用法律若干问题的解释》

第九十二条　用人单位违反劳动安全卫生规定的法律责任

> 用人单位的劳动安全设施和劳动卫生条件不符合国家规定或者未向劳动者提供必要的劳动防护用品和劳动保护设施的,由劳动行政部门或者有关部门责令改正,可以处以罚款;情节严重的,提请县级以上人民政府决定责令停产整顿;对事故隐患不采取措施,致使发生重大事故,造成劳动者生命和财产损失的,对责任人员依照刑法有关规定追究刑事责任。

普法问答

1. 在生产、作业中违反有关安全管理的规定,因而发生重大伤亡事故或者造成其他严重后果的,将承担什么刑事责任?

《刑法》第134条第1款规定了重大责任事故罪。在生产、作业中违反有关安全管理的规定,因而发生重大伤亡事故或者造成其他严重后果的,处3年以下有期徒刑或者拘役;情节特别恶劣的,处3年以上7年以下有期徒刑。

2. 在生产、作业中违反有关安全管理的规定,有哪些情形,具有发生重大伤亡事故或者其他严重后果的现实危险的,构成危险作业罪?

《刑法》第134条之一规定了危险作业罪。在生产、作业中违反有关安全管理的规定,有下列情形之一,具有发生重大伤亡事故或者其他严重后果的现实危险的,处1年以下有期徒刑、拘役或者管制：

（1）关闭、破坏直接关系生产安全的监控、报警、防护、救生设备、设施，或者篡改、隐瞒、销毁其相关数据、信息的；

（2）因存在重大事故隐患被依法责令停产停业、停止施工、停止使用有关设备、设施、场所或者立即采取排除危险的整改措施，而拒不执行的；

（3）涉及安全生产的事项未经依法批准或者许可，擅自从事矿山开采、金属冶炼、建筑施工，以及危险物品生产、经营、储存等高度危险的生产作业活动的。

3. 安全生产设施或者安全生产条件不符合国家规定，因而发生重大伤亡事故或者造成其他严重后果的，直接负责的主管人员和其他直接责任人员将承担什么刑事责任？

《刑法》第 135 条规定了重大劳动安全事故罪。安全生产设施或者安全生产条件不符合国家规定，因而发生重大伤亡事故或者造成其他严重后果的，对直接负责的主管人员和其他直接责任人员，处 3 年以下有期徒刑或者拘役；情节特别恶劣的，处 3 年以上 7 年以下有期徒刑。

4. 在安全事故发生后，负有报告职责的人员不报或者谎报事故情况，贻误事故抢救，情节严重的，将承担什么刑事责任？

《刑法》第 139 条之一规定了不报、谎报安全事故罪。在安全事故发生后，负有报告职责的人员不报或者谎报事故情况，贻误事故抢救，情节严重的，处 3 年以下有期徒刑或者拘役；情节特别严重的，处 3 年以上 7 年以下有期徒刑。

关联规定

《劳动合同法》第 88 条;《刑法》第 134—139 条之一;《最高人民法院、最高人民检察院关于办理危害生产安全刑事案件适用法律若干问题的解释》;《生产经营单位安全培训规定》;《生产安全事故罚款处罚规定》

第九十三条　强令劳动者违章冒险作业的法律责任

> 用人单位强令劳动者违章冒险作业,发生重大伤亡事故,造成严重后果的,对责任人员依法追究刑事责任。

普法问答

强令他人违章冒险作业,或者明知存在重大事故隐患而不排除,仍冒险组织作业,因而发生重大伤亡事故或者造成其他严重后果的,将承担什么刑事责任?

《刑法》第 134 条第 2 款规定了强令、组织他人违章冒险作业罪。强令他人违章冒险作业,或者明知存在重大事故隐患而不排除,仍冒险组织作业,因而发生重大伤亡事故或者造成其他严重后果的,处 5 年以下有期徒刑或者拘役;情节特别恶劣的,处 5 年以上有期徒刑。

关联规定

《劳动合同法》第 88 条;《刑法》第 134 条;《最高人民法院、最高人民检察院关于办理危害生产安全刑事案件适用法律若干问题的解释》

第九十四条　用人单位非法招用未成年工的法律责任

> 用人单位非法招用未满十六周岁的未成年人的，由劳动行政部门责令改正，处以罚款；情节严重的，由市场监督管理部门吊销营业执照。

普法问答

1. 哪些场所不得招用已满 16 周岁的未成年人？

《未成年人保护法》第 61 条第 2 款规定，营业性娱乐场所、酒吧、互联网上网服务营业场所等不适宜未成年人活动的场所不得招用已满 16 周岁的未成年人。

2. 违反《未成年人保护法》规定非法招用未满 16 周岁的未成年人的，应当承担什么行政处罚？

《未成年人保护法》第 61 条第 1 款规定，任何组织或者个人不得招用未满 16 周岁未成年人，国家另有规定的除外。第 125 条规定，违反本法第 61 条规定的，由文化和旅游、人力资源和社会保障、市场监督管理等部门按照职责分工责令限期改正，给予警告，没收违法所得，可以并处 10 万元以下罚款；拒不改正或者情节严重的，责令停产停业或者吊销营业执照、吊销相关许可证，并处 10 万元以上 100 万元以下罚款。

关联规定

《未成年人保护法》第 61 条、第 125 条

第九十五条　违反女职工和未成年工保护规定的法律责任

> 用人单位违反本法对女职工和未成年工的保护规定，侵害其合法权益的，由劳动行政部门责令改正，处以罚款；对女职工或者未成年工造成损害的，应当承担赔偿责任。

普法问答

1. 用人单位不得实施哪些以性别为由拒绝录（聘）用妇女或者差别化地提高对妇女录（聘）用标准的行为？

《妇女权益保障法》第 43 条规定，用人单位在招录（聘）过程中，除国家另有规定外，不得实施下列行为：

（1）限定为男性或者规定男性优先；

（2）除个人基本信息外，进一步询问或者调查女性求职者的婚育情况；

（3）将妊娠测试作为入职体检项目；

（4）将限制结婚、生育或者婚姻、生育状况作为录（聘）用条件；

（5）其他以性别为由拒绝录（聘）用妇女或者差别化地提高对妇女录（聘）用标准的行为。

2. 招用已满 16 周岁未成年人未按规定进行劳动保护的，应当承担什么行政处罚？

《未成年人保护法》第 61 条第 2 款至第 4 款规定，营业性娱乐场所、酒吧、互联网上网服务营业场所等不适宜未成年人活动的场所不得招用已满16周岁的未成年人。招用已满16周岁未成年人的单位和个人应当执行国家在工种、劳动时间、劳动强度和保护措施等方面的规定，不得安排其从事过重、有毒、有害等危害未成年人身心健康的劳动或者危险作业。任何组织或者个人不得组织未成年人进行危害其身心健康的表演等活动。经未成年人的父母或者其他监护人同意，未成年人参与演出、节目制作等活动，活动组织方应当根据国家有关规定，保障未成年人合法权益。

第125条规定，违反本法第61条规定的，由文化和旅游、人力资源和社会保障、市场监督管理等部门按照职责分工责令限期改正，给予警告，没收违法所得，可以并处十万元以下罚款；拒不改正或者情节严重的，责令停产停业或者吊销营业执照、吊销相关许可证，并处十万元以上一百万元以下罚款。

关联规定

《未成年人保护法》第61条、第125条；《妇女权益保障法》第41—52条；《女职工劳动保护特别规定》；《未成年工特殊保护规定》

第九十六条 侵犯劳动者人身自由的法律责任

用人单位有下列行为之一，由公安机关对责任人员处以十五日以下拘留、罚款或者警告；构成犯罪的，对责任人员依法追究刑事责任：

（一）以暴力、威胁或者非法限制人身自由的手段强迫劳动的；

（二）侮辱、体罚、殴打、非法搜查和拘禁劳动者的。

普法问答

以暴力、威胁或者限制人身自由的方法强迫他人劳动的，将承担什么刑事责任？

《刑法》第244条规定了强迫劳动罪。以暴力、威胁或者限制人身自由的方法强迫他人劳动的，处3年以下有期徒刑或者拘役，并处罚金；情节严重的，处3年以上10年以下有期徒刑，并处罚金。

明知他人实施前述行为，为其招募、运送人员或者有其他协助强迫他人劳动行为的，依照该条第1款的规定处罚。

单位犯强迫劳动罪的，对单位判处罚金，并对其直接负责的主管人员和其他直接责任人员，依照该条第1款的规定处罚。

关联规定

《刑法》第244条；《劳动合同法》第88条

第九十七条　订立无效合同的民事责任

> 由于用人单位的原因订立的无效合同，对劳动者造成损害的，应当承担赔偿责任。

普法问答

1. 劳动合同被确认无效，劳动者已付出劳动的，用人单位应当向劳动者支付劳动报酬吗？

《劳动合同法》第28条规定，劳动合同被确认无效，劳动者已付出劳动的，用人单位应当向劳动者支付劳动报酬。劳动报酬的数额，参照本单位相同或者相近岗位劳动者的劳动报酬确定。

2. 劳动合同被确认无效，用人单位应当如何向劳动者支付经济补偿和经济损失？

根据《最高人民法院关于审理劳动争议案件适用法律问题的解释（一）》第41条第1款规定，劳动合同被确认为无效，劳动者已付出劳动的，用人单位应当按照《劳动合同法》第28条、第46条、第47条的规定向劳动者支付经济补偿。

《劳动合同法》第47条规定，经济补偿按劳动者在本单位工作的年限，每满1年支付1个月工资的标准向劳动者支付。6个月以上不满1年的，按1年计算；不满6个月的，向劳动者支付半个月工资的经济补偿。

劳动者月工资高于用人单位所在直辖市、设区的市级人民政府公布的本地区上年度职工月平均工资三倍的，向其支付经济补偿的标准按职工月平均工资三倍的数额支付，向其支付经济补偿的年限最高不超过12年。

本条所称月工资是指劳动者在劳动合同解除或者终止前12个月的平均工资。

根据《最高人民法院关于审理劳动争议案件适用法律问题的解释（一）》第41条第2款规定，由于用人单位原因订立无效劳动合同，给劳动者造成损害的，用人单位应当赔偿劳动者因合同无效所造成的经济损失。

关联规定

《劳动合同法》第28条、第46条、第47条；《最高人民法院

关于审理劳动争议案件适用法律问题的解释（一）》第41条

第九十八条　违法解除或故意拖延不订立劳动合同的法律责任

> 用人单位违反本法规定的条件解除劳动合同或者故意拖延不订立劳动合同的，由劳动行政部门责令改正；对劳动者造成损害的，应当承担赔偿责任。

普法问答

1. 用人单位违法故意拖延不订立劳动合同的，应当如何承担赔偿责任？

《劳动合同法》第82条规定，用人单位自用工之日起超过1个月不满1年未与劳动者订立书面劳动合同的，应当向劳动者每月支付二倍的工资。

用人单位违反本法规定不与劳动者订立无固定期限劳动合同的，自应当订立无固定期限劳动合同之日起向劳动者每月支付二倍的工资。

2. 劳动合同因用人单位的原因被确认无效的，应当如何承担赔偿责任？

《劳动合同法》第86条规定，劳动合同依照本法第26条规定被确认无效，给对方造成损害的，有过错的一方应当承担赔偿责任。

关联规定

《劳动合同法》第82条、第86条；《劳动保障监察条例》第

24条；《最高人民法院关于审理劳动争议案件适用法律问题的解释（二）》第6—8条

第九十九条　招用尚未解除劳动合同者的法律责任

> 用人单位招用尚未解除劳动合同的劳动者，对原用人单位造成经济损失的，该用人单位应当依法承担连带赔偿责任。

普法问答

1. 非全日制用工的劳动者可以与多个用人单位订立劳动合同吗？

《劳动合同法》第69条规定，非全日制用工双方当事人可以订立口头协议。

从事非全日制用工的劳动者可以与一个或者一个以上用人单位订立劳动合同；但是，后订立的劳动合同不得影响先订立的劳动合同的履行。

2. 用人单位招用与其他用人单位尚未解除或者终止劳动合同的劳动者，给其他用人单位造成损失的，应当承担赔偿责任吗？

《劳动合同法》第91条规定，用人单位招用与其他用人单位尚未解除或者终止劳动合同的劳动者，给其他用人单位造成损失的，应当承担连带赔偿责任。

3. 劳动者被多个存在关联关系的单位交替或者同时用工，如何确认劳动关系？

《最高人民法院关于审理劳动争议案件适用法律问题的解释（二）》第3条规定，劳动者被多个存在关联关系的单位交替或者同时用工，其请求确认劳动关系的，人民法院按照下列情形分别处理：

（1）已订立书面劳动合同，劳动者请求按照劳动合同确认劳动关系的，人民法院依法予以支持；

（2）未订立书面劳动合同的，根据用工管理行为，综合考虑工作时间、工作内容、劳动报酬支付、社会保险费缴纳等因素确认劳动关系。

劳动者请求符合该条第1款第2项规定情形的关联单位共同承担支付劳动报酬、福利待遇等责任的，人民法院依法予以支持，但关联单位之间依法对劳动者的劳动报酬、福利待遇等作出约定且经劳动者同意的除外。

关联规定

《劳动合同法》第69条、第91条；《最高人民法院关于审理劳动争议案件适用法律问题的解释（一）》第27条；《最高人民法院关于审理劳动争议案件适用法律问题的解释（二）》第3条

第一百条　用人单位不缴纳社会保险费的法律责任

> 用人单位无故不缴纳社会保险费的，由劳动行政部门责令其限期缴纳；逾期不缴的，可以加收滞纳金。

第一百零一条 阻挠监督检查、打击报复举报人员的法律责任

> 用人单位无理阻挠劳动行政部门、有关部门及其工作人员行使监督检查权,打击报复举报人员的,由劳动行政部门或者有关部门处以罚款;构成犯罪的,对责任人员依法追究刑事责任。

普法问答

1. 用人单位向社会保险经办机构申报应缴纳的社会保险费数额时,瞒报工资总额或者职工人数的,应当承担什么责任?

《劳动保障监察条例》第27条第1款规定,用人单位向社会保险经办机构申报应缴纳的社会保险费数额时,瞒报工资总额或者职工人数的,由劳动保障行政部门责令改正,并处瞒报工资数额1倍以上3倍以下的罚款。

2. 骗取社会保险待遇或者骗取社会保险基金支出的,应当承担什么责任?

《劳动保障监察条例》第27条第2款规定,骗取社会保险待遇或者骗取社会保险基金支出的,由劳动保障行政部门责令退还,并处骗取金额1倍以上3倍以下的罚款;构成犯罪的,依法追究刑事责任。

关联规定

《劳动保障监察条例》第27条

第一百零二条 劳动者的赔偿责任

> 劳动者违反本法规定的条件解除劳动合同或者违反劳动合同中约定的保密事项,对用人单位造成经济损失的,应当依法承担赔偿责任。

普法问答

1. **劳动者未知悉、接触用人单位的商业秘密和与知识产权相关的保密事项,或者其知悉、接触的商业秘密和与知识产权相关的保密事项与竞业限制条款约定的内容不相适应的,可以请求确认竞业限制条款无效或者部分无效吗?**

《最高人民法院关于审理劳动争议案件适用法律问题的解释(二)》第13条规定,劳动者未知悉、接触用人单位的商业秘密和与知识产权相关的保密事项,劳动者请求确认竞业限制条款不生效的,人民法院依法予以支持。

竞业限制条款约定的竞业限制范围、地域、期限等内容与劳动者知悉、接触的商业秘密和与知识产权相关的保密事项不相适应,劳动者请求确认竞业限制条款超过合理比例部分无效的,人民法院依法予以支持。

2. **用人单位与高级管理人员、高级技术人员和其他负有保密义务的人员约定在职期间竞业限制条款,劳动者可以请求确认竞业限制条款无效吗?**

《最高人民法院关于审理劳动争议案件适用法律问题的解释(二)》第14条规定,用人单位与高级管理人员、高级技术人员和其他负有保密义务的人员约定在职期间竞业限制条款，劳动者以不得约定在职期间竞业限制、未支付经济补偿为由请求确认竞业限制条款无效的，人民法院不予支持。

关联规定

《劳动合同法》第 23 条、第 90 条；《最高人民法院关于审理劳动争议案件适用法律问题的解释（二）》第 13—15 条

第一百零三条　渎职的法律责任

> 劳动行政部门或者有关部门的工作人员滥用职权、玩忽职守、徇私舞弊，构成犯罪的，依法追究刑事责任；不构成犯罪的，给予行政处分。

滥用职权、玩忽职守、徇私舞弊构成犯罪的，如何追究刑事责任？

《刑法》第 397 条规定，国家机关工作人员滥用职权或者玩忽职守，致使公共财产、国家和人民利益遭受重大损失的，处 3 年以下有期徒刑或者拘役；情节特别严重的，处 3 年以上 7 年以下有期徒刑。本法另有规定的，依照规定。

国家机关工作人员徇私舞弊，犯前款罪的，处 5 年以下有期徒刑或者拘役；情节特别严重的，处 5 年以上 10 年以下有期徒刑。本法另有规定的，依照规定。

关联规定

《劳动合同法》第 95 条；《刑法》第 397 条

第一百零四条　挪用社会保险基金的法律责任

> 国家工作人员和社会保险基金经办机构的工作人员挪用社会保险基金，构成犯罪的，依法追究刑事责任。

普法问答

什么是挪用公款罪？

根据《刑法》第 272 条的规定，公司、企业或者其他单位的工作人员，利用职务上的便利，挪用本单位资金归个人使用或者借贷给他人，数额较大、超过 3 个月未还的，或者虽未超过 3 个月，但数额较大、进行营利活动的，或者进行非法活动的，处 3 年以下有期徒刑或者拘役；挪用本单位资金数额巨大的，处 3 年以上 7 年以下有期徒刑；数额特别巨大的，处 7 年以上有期徒刑。

国有公司、企业或者其他国有单位中从事公务的人员和国有公司、企业或者其他国有单位委派到非国有公司、企业以及其他单位从事公务的人员有前述行为的，依照《刑法》第 384 条的规定定罪处罚。

关联规定

《刑法》第 272 条、第 384 条

第一百零五条　其他法律、行政法规的处罚适用

> 违反本法规定侵害劳动者合法权益，其他法律、行政法规已规定处罚的，依照该法律、行政法规的规定处罚。

第十三章　附　则

第一百零六条　省级人民政府实施步骤的制定和备案

省、自治区、直辖市人民政府根据本法和本地区的实际情况，规定劳动合同制度的实施步骤，报国务院备案。

第一百零七条　施行时间

本法自 1995 年 1 月 1 日起施行。

附：

相关规定

中华人民共和国劳动合同法

(2007年6月29日第十届全国人民代表大会常务委员会第二十八次会议通过 根据2012年12月28日第十一届全国人民代表大会常务委员会第三十次会议《关于修改〈中华人民共和国劳动合同法〉的决定》修正)

目 录

第一章 总 则
第二章 劳动合同的订立
第三章 劳动合同的履行和变更
第四章 劳动合同的解除和终止
第五章 特别规定
　第一节 集体合同
　第二节 劳务派遣
　第三节 非全日制用工
第六章 监督检查
第七章 法律责任
第八章 附 则

第一章 总 则

第一条 【立法宗旨】为了完善劳动合同制度，明确劳动合同双方当事人的权利和义务，保护劳动者的合法权益，构建和发展和谐稳定的劳动关系，制定本法。

第二条 【适用范围】中华人民共和国境内的企业、个体经济组织、民办非企业单位等组织（以下称用人单位）与劳动者建立劳动关系，订立、履行、变更、解除或者终止劳动合同，适用本法。

国家机关、事业单位、社会团体和与其建立劳动关系的劳动者，订立、履行、变更、解除或者终止劳动合同，依照本法执行。

第三条 【订立劳动合同的基本原则】订立劳动合同，应当遵循合法、公平、平等自愿、协商一致、诚实信用的原则。

依法订立的劳动合同具有约束力，用人单位与劳动者应当履行劳动合同约定的义务。

第四条 【规章制度】用人单位应当依法建立和完善劳动规章制度，保障劳动者享有劳动权利、履行劳动义务。

用人单位在制定、修改或者决定有关劳动报酬、工作时间、休息休假、劳动安全卫生、保险福利、职工培训、劳动纪律以及劳动定额管理等直接涉及劳动者切身利益的规章制度或者重大事项时，应当经职工代表大会或者全体职工讨论，提出方案和意见，与工会或者职工代表平等协商确定。

在规章制度和重大事项决定实施过程中，工会或者职工认为不适当的，有权向用人单位提出，通过协商予以修改完善。

用人单位应当将直接涉及劳动者切身利益的规章制度和重大事项决定公示，或者告知劳动者。

第五条 【协调劳动关系三方机制】县级以上人民政府劳动行政部门会同工会和企业方面代表，建立健全协调劳动关系三方机制，共同研究解决有关劳动关系的重大问题。

第六条 【集体协商机制】工会应当帮助、指导劳动者与用人单位依法订立和履行劳动合同，并与用人单位建立集体协商机制，维护劳动者的合法权益。

第二章　劳动合同的订立

第七条　【劳动关系的建立】用人单位自用工之日起即与劳动者建立劳动关系。用人单位应当建立职工名册备查。

第八条　【用人单位的告知义务和劳动者的说明义务】用人单位招用劳动者时，应当如实告知劳动者工作内容、工作条件、工作地点、职业危害、安全生产状况、劳动报酬，以及劳动者要求了解的其他情况；用人单位有权了解劳动者与劳动合同直接相关的基本情况，劳动者应当如实说明。

第九条　【用人单位不得扣押劳动者证件和要求提供担保或者收取财物】用人单位招用劳动者，不得扣押劳动者的居民身份证和其他证件，不得要求劳动者提供担保或者以其他名义向劳动者收取财物。

第十条　【订立书面劳动合同】建立劳动关系，应当订立书面劳动合同。

已建立劳动关系，未同时订立书面劳动合同的，应当自用工之日起一个月内订立书面劳动合同。

用人单位与劳动者在用工前订立劳动合同的，劳动关系自用工之日起建立。

第十一条　【未订立书面劳动合同时劳动报酬不明确的解决】用人单位未在用工的同时订立书面劳动合同，与劳动者约定的劳动报酬不明确的，新招用的劳动者的劳动报酬按照集体合同规定的标准执行；没有集体合同或者集体合同未规定的，实行同工同酬。

第十二条　【劳动合同的种类】劳动合同分为固定期限劳动合

同、无固定期限劳动合同和以完成一定工作任务为期限的劳动合同。

第十三条 【固定期限劳动合同】固定期限劳动合同，是指用人单位与劳动者约定合同终止时间的劳动合同。

用人单位与劳动者协商一致，可以订立固定期限劳动合同。

第十四条 【无固定期限劳动合同】无固定期限劳动合同，是指用人单位与劳动者约定无确定终止时间的劳动合同。

用人单位与劳动者协商一致，可以订立无固定期限劳动合同。有下列情形之一，劳动者提出或者同意续订、订立劳动合同的，除劳动者提出订立固定期限劳动合同外，应当订立无固定期限劳动合同：

（一）劳动者在该用人单位连续工作满十年的；

（二）用人单位初次实行劳动合同制度或者国有企业改制重新订立劳动合同时，劳动者在该用人单位连续工作满十年且距法定退休年龄不足十年的；

（三）连续订立二次固定期限劳动合同，且劳动者没有本法第三十九条和第四十条第一项、第二项规定的情形，续订劳动合同的。

用人单位自用工之日起满一年不与劳动者订立书面劳动合同的，视为用人单位与劳动者已订立无固定期限劳动合同。

第十五条 【以完成一定工作任务为期限的劳动合同】以完成一定工作任务为期限的劳动合同，是指用人单位与劳动者约定以某项工作的完成为合同期限的劳动合同。

用人单位与劳动者协商一致，可以订立以完成一定工作任务为期限的劳动合同。

第十六条 【劳动合同的生效】劳动合同由用人单位与劳动者

协商一致，并经用人单位与劳动者在劳动合同文本上签字或者盖章生效。

劳动合同文本由用人单位和劳动者各执一份。

第十七条　【劳动合同的内容】劳动合同应当具备以下条款：

（一）用人单位的名称、住所和法定代表人或者主要负责人；

（二）劳动者的姓名、住址和居民身份证或者其他有效身份证件号码；

（三）劳动合同期限；

（四）工作内容和工作地点；

（五）工作时间和休息休假；

（六）劳动报酬；

（七）社会保险；

（八）劳动保护、劳动条件和职业危害防护；

（九）法律、法规规定应当纳入劳动合同的其他事项。

劳动合同除前款规定的必备条款外，用人单位与劳动者可以约定试用期、培训、保守秘密、补充保险和福利待遇等其他事项。

第十八条　【劳动合同对劳动报酬和劳动条件等标准约定不明确的解决】劳动合同对劳动报酬和劳动条件等标准约定不明确，引发争议的，用人单位与劳动者可以重新协商；协商不成的，适用集体合同规定；没有集体合同或者集体合同未规定劳动报酬的，实行同工同酬；没有集体合同或者集体合同未规定劳动条件等标准的，适用国家有关规定。

第十九条　【试用期】劳动合同期限三个月以上不满一年的，试用期不得超过一个月；劳动合同期限一年以上不满三年的，试用期不得超过二个月；三年以上固定期限和无固定期限的劳动合同，试用期不得超过六个月。

同一用人单位与同一劳动者只能约定一次试用期。

以完成一定工作任务为期限的劳动合同或者劳动合同期限不满三个月的，不得约定试用期。

试用期包含在劳动合同期限内。劳动合同仅约定试用期的，试用期不成立，该期限为劳动合同期限。

第二十条　【试用期工资】劳动者在试用期的工资不得低于本单位相同岗位最低档工资或者劳动合同约定工资的百分之八十，并不得低于用人单位所在地的最低工资标准。

第二十一条　【试用期内解除劳动合同】在试用期中，除劳动者有本法第三十九条和第四十条第一项、第二项规定的情形外，用人单位不得解除劳动合同。用人单位在试用期解除劳动合同的，应当向劳动者说明理由。

第二十二条　【服务期】用人单位为劳动者提供专项培训费用，对其进行专业技术培训的，可以与该劳动者订立协议，约定服务期。

劳动者违反服务期约定的，应当按照约定向用人单位支付违约金。违约金的数额不得超过用人单位提供的培训费用。用人单位要求劳动者支付的违约金不得超过服务期尚未履行部分所应分摊的培训费用。

用人单位与劳动者约定服务期的，不影响按照正常的工资调整机制提高劳动者在服务期期间的劳动报酬。

第二十三条　【保密义务和竞业限制】用人单位与劳动者可以在劳动合同中约定保守用人单位的商业秘密和与知识产权相关的保密事项。

对负有保密义务的劳动者，用人单位可以在劳动合同或者保密协议中与劳动者约定竞业限制条款，并约定在解除或者终止劳动合同后，在竞业限制期限内按月给予劳动者经济补偿。劳动者违反竞业限制约定的，应当按照约定向用人单位支付违约金。

第二十四条 【竞业限制的范围和期限】竞业限制的人员限于用人单位的高级管理人员、高级技术人员和其他负有保密义务的人员。竞业限制的范围、地域、期限由用人单位与劳动者约定，竞业限制的约定不得违反法律、法规的规定。

在解除或者终止劳动合同后，前款规定的人员到与本单位生产或者经营同类产品、从事同类业务的有竞争关系的其他用人单位，或者自己开业生产或者经营同类产品、从事同类业务的竞业限制期限，不得超过二年。

第二十五条 【违约金】除本法第二十二条和第二十三条规定的情形外，用人单位不得与劳动者约定由劳动者承担违约金。

第二十六条 【劳动合同的无效】下列劳动合同无效或者部分无效：

（一）以欺诈、胁迫的手段或者乘人之危，使对方在违背真实意思的情况下订立或者变更劳动合同的；

（二）用人单位免除自己的法定责任、排除劳动者权利的；

（三）违反法律、行政法规强制性规定的。

对劳动合同的无效或者部分无效有争议的，由劳动争议仲裁机构或者人民法院确认。

第二十七条 【劳动合同部分无效的法律后果】劳动合同部分无效，不影响其他部分效力的，其他部分仍然有效。

第二十八条 【劳动合同无效后劳动报酬的支付】劳动合同被确认无效，劳动者已付出劳动的，用人单位应当向劳动者支付劳动报酬。劳动报酬的数额，参照本单位相同或者相近岗位劳动者的劳动报酬确定。

第三章　劳动合同的履行和变更

第二十九条　【劳动合同的履行】用人单位与劳动者应当按照劳动合同的约定，全面履行各自的义务。

第三十条　【劳动报酬】用人单位应当按照劳动合同约定和国家规定，向劳动者及时足额支付劳动报酬。

用人单位拖欠或者未足额支付劳动报酬的，劳动者可以依法向当地人民法院申请支付令，人民法院应当依法发出支付令。

第三十一条　【加班】用人单位应当严格执行劳动定额标准，不得强迫或者变相强迫劳动者加班。用人单位安排加班的，应当按照国家有关规定向劳动者支付加班费。

第三十二条　【劳动者有权拒绝违章指挥、强令冒险作业】劳动者拒绝用人单位管理人员违章指挥、强令冒险作业的，不视为违反劳动合同。

劳动者对危害生命安全和身体健康的劳动条件，有权对用人单位提出批评、检举和控告。

第三十三条　【用人单位名称、法定代表人等的变更】用人单位变更名称、法定代表人、主要负责人或者投资人等事项，不影响劳动合同的履行。

第三十四条　【用人单位合并或者分立】用人单位发生合并或者分立等情况，原劳动合同继续有效，劳动合同由承继其权利和义务的用人单位继续履行。

第三十五条　【劳动合同的变更】用人单位与劳动者协商一致，可以变更劳动合同约定的内容。变更劳动合同，应当采用书面形式。

变更后的劳动合同文本由用人单位和劳动者各执一份。

第四章　劳动合同的解除和终止

第三十六条　【协商解除劳动合同】用人单位与劳动者协商一致，可以解除劳动合同。

第三十七条　【劳动者提前通知解除劳动合同】劳动者提前三十日以书面形式通知用人单位，可以解除劳动合同。劳动者在试用期内提前三日通知用人单位，可以解除劳动合同。

第三十八条　【劳动者解除劳动合同】用人单位有下列情形之一的，劳动者可以解除劳动合同：

（一）未按照劳动合同约定提供劳动保护或者劳动条件的；

（二）未及时足额支付劳动报酬的；

（三）未依法为劳动者缴纳社会保险费的；

（四）用人单位的规章制度违反法律、法规的规定，损害劳动者权益的；

（五）因本法第二十六条第一款规定的情形致使劳动合同无效的；

（六）法律、行政法规规定劳动者可以解除劳动合同的其他情形。

用人单位以暴力、威胁或者非法限制人身自由的手段强迫劳动者劳动的，或者用人单位违章指挥、强令冒险作业危及劳动者人身安全的，劳动者可以立即解除劳动合同，不需事先告知用人单位。

第三十九条　【过失性辞退】劳动者有下列情形之一的，用人单位可以解除劳动合同：

（一）在试用期间被证明不符合录用条件的；

（二）严重违反用人单位的规章制度的；

（三）严重失职，营私舞弊，给用人单位造成重大损害的；

（四）劳动者同时与其他用人单位建立劳动关系，对完成本单位的工作任务造成严重影响，或者经用人单位提出，拒不改正的；

（五）因本法第二十六条第一款第一项规定的情形致使劳动合同无效的；

（六）被依法追究刑事责任的。

第四十条 【非过失性辞退】有下列情形之一的，用人单位提前三十日以书面形式通知劳动者本人或者额外支付劳动者一个月工资后，可以解除劳动合同：

（一）劳动者患病或者非因工负伤，在规定的医疗期满后不能从事原工作，也不能从事由用人单位另行安排的工作的；

（二）劳动者不能胜任工作，经过培训或者调整工作岗位，仍不能胜任工作的；

（三）劳动合同订立时所依据的客观情况发生重大变化，致使劳动合同无法履行，经用人单位与劳动者协商，未能就变更劳动合同内容达成协议的。

第四十一条 【用人单位经济性裁员】有下列情形之一，需要裁减人员二十人以上或者裁减不足二十人但占企业职工总数百分之十以上的，用人单位提前三十日向工会或者全体职工说明情况，听取工会或者职工的意见后，裁减人员方案经向劳动行政部门报告，可以裁减人员：

（一）依照企业破产法规定进行重整的；

（二）生产经营发生严重困难的；

（三）企业转产、重大技术革新或者经营方式调整，经变更劳动合同后，仍需裁减人员的；

（四）其他因劳动合同订立时所依据的客观经济情况发生重大变化，致使劳动合同无法履行的。

裁减人员时，应当优先留用下列人员：

（一）与本单位订立较长期限的固定期限劳动合同的；

（二）与本单位订立无固定期限劳动合同的；

（三）家庭无其他就业人员，有需要扶养的老人或者未成年人的。

用人单位依照本条第一款规定裁减人员，在六个月内重新招用人员的，应当通知被裁减的人员，并在同等条件下优先招用被裁减的人员。

第四十二条 【用人单位不得解除劳动合同的情形】劳动者有下列情形之一的，用人单位不得依照本法第四十条、第四十一条的规定解除劳动合同：

（一）从事接触职业病危害作业的劳动者未进行离岗前职业健康检查，或者疑似职业病病人在诊断或者医学观察期间的；

（二）在本单位患职业病或者因工负伤并被确认丧失或者部分丧失劳动能力的；

（三）患病或者非因工负伤，在规定的医疗期内的；

（四）女职工在孕期、产期、哺乳期的；

（五）在本单位连续工作满十五年，且距法定退休年龄不足五年的；

（六）法律、行政法规规定的其他情形。

第四十三条 【工会在劳动合同解除中的监督作用】用人单位单方解除劳动合同，应当事先将理由通知工会。用人单位违反法律、行政法规规定或者劳动合同约定的，工会有权要求用人单位纠正。用人单位应当研究工会的意见，并将处理结果书面通知工会。

第四十四条 【劳动合同的终止】有下列情形之一的，劳动合同终止：

（一）劳动合同期满的；

（二）劳动者开始依法享受基本养老保险待遇的；

（三）劳动者死亡，或者被人民法院宣告死亡或者宣告失踪的；

（四）用人单位被依法宣告破产的；

（五）用人单位被吊销营业执照、责令关闭、撤销或者用人单位决定提前解散的；

（六）法律、行政法规规定的其他情形。

第四十五条 【劳动合同的逾期终止】劳动合同期满，有本法第四十二条规定情形之一的，劳动合同应当续延至相应的情形消失时终止。但是，本法第四十二条第二项规定丧失或者部分丧失劳动能力劳动者的劳动合同的终止，按照国家有关工伤保险的规定执行。

第四十六条 【经济补偿】有下列情形之一的，用人单位应当向劳动者支付经济补偿：

（一）劳动者依照本法第三十八条规定解除劳动合同的；

（二）用人单位依照本法第三十六条规定向劳动者提出解除劳动合同并与劳动者协商一致解除劳动合同的；

（三）用人单位依照本法第四十条规定解除劳动合同的；

（四）用人单位依照本法第四十一条第一款规定解除劳动合同的；

（五）除用人单位维持或者提高劳动合同约定条件续订劳动合同，劳动者不同意续订的情形外，依照本法第四十四条第一项规定终止固定期限劳动合同的；

（六）依照本法第四十四条第四项、第五项规定终止劳动合同的；

（七）法律、行政法规规定的其他情形。

第四十七条 【经济补偿的计算】经济补偿按劳动者在本单位工作的年限，每满一年支付一个月工资的标准向劳动者支付。六个月以上不满一年的，按一年计算；不满六个月的，向劳动者支付半个月工资的经济补偿。

劳动者月工资高于用人单位所在直辖市、设区的市级人民政府公布的本地区上年度职工月平均工资三倍的，向其支付经济补偿的标准按职工月平均工资三倍的数额支付，向其支付经济补偿的年限最高不超过十二年。

本条所称月工资是指劳动者在劳动合同解除或者终止前十二个月的平均工资。

第四十八条 【违法解除或者终止劳动合同的法律后果】用人单位违反本法规定解除或者终止劳动合同，劳动者要求继续履行劳动合同的，用人单位应当继续履行；劳动者不要求继续履行劳动合同或者劳动合同已经不能继续履行的，用人单位应当依照本法第八十七条规定支付赔偿金。

第四十九条 【社会保险关系跨地区转移接续】国家采取措施，建立健全劳动者社会保险关系跨地区转移接续制度。

第五十条 【劳动合同解除或者终止后双方的义务】用人单位应当在解除或者终止劳动合同时出具解除或者终止劳动合同的证明，并在十五日内为劳动者办理档案和社会保险关系转移手续。

劳动者应当按照双方约定，办理工作交接。用人单位依照本法有关规定应当向劳动者支付经济补偿的，在办结工作交接时支付。

用人单位对已经解除或者终止的劳动合同的文本，至少保存二年备查。

第五章　特别规定

第一节　集体合同

第五十一条　【集体合同的订立和内容】企业职工一方与用人单位通过平等协商，可以就劳动报酬、工作时间、休息休假、劳动安全卫生、保险福利等事项订立集体合同。集体合同草案应当提交职工代表大会或者全体职工讨论通过。

集体合同由工会代表企业职工一方与用人单位订立；尚未建立工会的用人单位，由上级工会指导劳动者推举的代表与用人单位订立。

第五十二条　【专项集体合同】企业职工一方与用人单位可以订立劳动安全卫生、女职工权益保护、工资调整机制等专项集体合同。

第五十三条　【行业性集体合同、区域性集体合同】在县级以下区域内，建筑业、采矿业、餐饮服务业等行业可以由工会与企业方面代表订立行业性集体合同，或者订立区域性集体合同。

第五十四条　【集体合同的报送和生效】集体合同订立后，应当报送劳动行政部门；劳动行政部门自收到集体合同文本之日起十五日内未提出异议的，集体合同即行生效。

依法订立的集体合同对用人单位和劳动者具有约束力。行业性、区域性集体合同对当地本行业、本区域的用人单位和劳动者具有约束力。

第五十五条　【集体合同中劳动报酬、劳动条件等标准】集体合同中劳动报酬和劳动条件等标准不得低于当地人民政府规定的最低标准；用人单位与劳动者订立的劳动合同中劳动报酬和劳动条件等标准不得低于集体合同规定的标准。

第五十六条 【集体合同纠纷和法律救济】用人单位违反集体合同，侵犯职工劳动权益的，工会可以依法要求用人单位承担责任；因履行集体合同发生争议，经协商解决不成的，工会可以依法申请仲裁、提起诉讼。

第二节 劳务派遣

第五十七条 【经营劳务派遣业务的条件】经营劳务派遣业务应当具备下列条件：

（一）注册资本不得少于人民币二百万元；
（二）有与开展业务相适应的固定的经营场所和设施；
（三）有符合法律、行政法规规定的劳务派遣管理制度；
（四）法律、行政法规规定的其他条件。

经营劳务派遣业务，应当向劳动行政部门依法申请行政许可；经许可的，依法办理相应的公司登记。未经许可，任何单位和个人不得经营劳务派遣业务。

第五十八条 【劳务派遣单位、用工单位及劳动者的权利义务】劳务派遣单位是本法所称用人单位，应当履行用人单位对劳动者的义务。劳务派遣单位与被派遣劳动者订立的劳动合同，除应当载明本法第十七条规定的事项外，还应当载明被派遣劳动者的用工单位以及派遣期限、工作岗位等情况。

劳务派遣单位应当与被派遣劳动者订立二年以上的固定期限劳动合同，按月支付劳动报酬；被派遣劳动者在无工作期间，劳务派遣单位应当按照所在地人民政府规定的最低工资标准，向其按月支付报酬。

第五十九条 【劳务派遣协议】劳务派遣单位派遣劳动者应

当与接受以劳务派遣形式用工的单位（以下称用工单位）订立劳务派遣协议。劳务派遣协议应当约定派遣岗位和人员数量、派遣期限、劳动报酬和社会保险费的数额与支付方式以及违反协议的责任。

用工单位应当根据工作岗位的实际需要与劳务派遣单位确定派遣期限，不得将连续用工期限分割订立数个短期劳务派遣协议。

第六十条　【劳务派遣单位的义务】劳务派遣单位应当将劳务派遣协议的内容告知被派遣劳动者。

劳务派遣单位不得克扣用工单位按照劳务派遣协议支付给被派遣劳动者的劳动报酬。

劳务派遣单位和用工单位不得向被派遣劳动者收取费用。

第六十一条　【跨地区派遣劳动者的劳动报酬、劳动条件】劳务派遣单位跨地区派遣劳动者的，被派遣劳动者享有的劳动报酬和劳动条件，按照用工单位所在地的标准执行。

第六十二条　【用工单位的义务】用工单位应当履行下列义务：

（一）执行国家劳动标准，提供相应的劳动条件和劳动保护；

（二）告知被派遣劳动者的工作要求和劳动报酬；

（三）支付加班费、绩效奖金，提供与工作岗位相关的福利待遇；

（四）对在岗被派遣劳动者进行工作岗位所必需的培训；

（五）连续用工的，实行正常的工资调整机制。

用工单位不得将被派遣劳动者再派遣到其他用人单位。

第六十三条　【被派遣劳动者与用工单位劳动者同工同酬】被派遣劳动者享有与用工单位的劳动者同工同酬的权利。用工单位应当按照同工同酬原则，对被派遣劳动者与本单位同类岗位的劳动者实行相同的劳动报酬分配办法。用工单位无同类岗位劳动者的，参照用工单位所在地相同或者相近岗位劳动者的劳动报酬确定。

劳务派遣单位与被派遣劳动者订立的劳动合同和与用工单位订立的劳务派遣协议，载明或者约定的向被派遣劳动者支付的劳动报酬应当符合前款规定。

第六十四条 【被派遣劳动者有权参加或者组织工会】被派遣劳动者有权在劳务派遣单位或者用工单位依法参加或者组织工会，维护自身的合法权益。

第六十五条 【劳务派遣中劳动合同的解除】被派遣劳动者可以依照本法第三十六条、第三十八条的规定与劳务派遣单位解除劳动合同。

被派遣劳动者有本法第三十九条和第四十条第一项、第二项规定情形的，用工单位可以将劳动者退回劳务派遣单位，劳务派遣单位依照本法有关规定，可以与劳动者解除劳动合同。

第六十六条 【劳务派遣的适用岗位】劳动合同用工是我国的企业基本用工形式。劳务派遣用工是补充形式，只能在临时性、辅助性或者替代性的工作岗位上实施。

前款规定的临时性工作岗位是指存续时间不超过六个月的岗位；辅助性工作岗位是指为主营业务岗位提供服务的非主营业务岗位；替代性工作岗位是指用工单位的劳动者因脱产学习、休假等原因无法工作的一定期间内，可以由其他劳动者替代工作的岗位。

用工单位应当严格控制劳务派遣用工数量，不得超过其用工总量的一定比例，具体比例由国务院劳动行政部门规定。

第六十七条 【用人单位不得自设劳务派遣单位】用人单位不得设立劳务派遣单位向本单位或者所属单位派遣劳动者。

第三节　非全日制用工

第六十八条　【非全日制用工的概念】非全日制用工，是指以小时计酬为主，劳动者在同一用人单位一般平均每日工作时间不超过四小时，每周工作时间累计不超过二十四小时的用工形式。

第六十九条　【非全日制用工的劳动合同】非全日制用工双方当事人可以订立口头协议。

从事非全日制用工的劳动者可以与一个或者一个以上用人单位订立劳动合同；但是，后订立的劳动合同不得影响先订立的劳动合同的履行。

第七十条　【非全日制用工不得约定试用期】非全日制用工双方当事人不得约定试用期。

第七十一条　【非全日制用工的终止用工】非全日制用工双方当事人任何一方都可以随时通知对方终止用工。终止用工，用人单位不向劳动者支付经济补偿。

第七十二条　【非全日制用工的劳动报酬】非全日制用工小时计酬标准不得低于用人单位所在地人民政府规定的最低小时工资标准。

非全日制用工劳动报酬结算支付周期最长不得超过十五日。

第六章　监督检查

第七十三条　【劳动合同制度实施的监督管理体制】国务院劳动行政部门负责全国劳动合同制度实施的监督管理。

县级以上地方人民政府劳动行政部门负责本行政区域内劳动合同制度实施的监督管理。

县级以上各级人民政府劳动行政部门在劳动合同制度实施的监

督管理工作中，应当听取工会、企业方面代表以及有关行业主管部门的意见。

第七十四条 【劳动行政部门的监督检查事项】县级以上地方人民政府劳动行政部门依法对下列实施劳动合同制度的情况进行监督检查：

（一）用人单位制定直接涉及劳动者切身利益的规章制度及其执行的情况；

（二）用人单位与劳动者订立和解除劳动合同的情况；

（三）劳务派遣单位和用工单位遵守劳务派遣有关规定的情况；

（四）用人单位遵守国家关于劳动者工作时间和休息休假规定的情况；

（五）用人单位支付劳动合同约定的劳动报酬和执行最低工资标准的情况；

（六）用人单位参加各项社会保险和缴纳社会保险费的情况；

（七）法律、法规规定的其他劳动监察事项。

第七十五条 【监督检查措施和依法行政、文明执法】县级以上地方人民政府劳动行政部门实施监督检查时，有权查阅与劳动合同、集体合同有关的材料，有权对劳动场所进行实地检查，用人单位和劳动者都应当如实提供有关情况和材料。

劳动行政部门的工作人员进行监督检查，应当出示证件，依法行使职权，文明执法。

第七十六条 【其他有关主管部门的监督管理】县级以上人民政府建设、卫生、安全生产监督管理等有关主管部门在各自职责范围内，对用人单位执行劳动合同制度的情况进行监督管理。

第七十七条 【劳动者权利救济途径】劳动者合法权益受到侵害的，有权要求有关部门依法处理，或者依法申请仲裁、提起诉讼。

第七十八条 【工会维权与监督】工会依法维护劳动者的合法权益，对用人单位履行劳动合同、集体合同的情况进行监督。用人单位违反劳动法律、法规和劳动合同、集体合同的，工会有权提出意见或者要求纠正；劳动者申请仲裁、提起诉讼的，工会依法给予支持和帮助。

第七十九条 【对违法行为的举报】任何组织或者个人对违反本法的行为都有权举报，县级以上人民政府劳动行政部门应当及时核实、处理，并对举报有功人员给予奖励。

第七章　法　律　责　任

第八十条 【规章制度违法的法律责任】用人单位直接涉及劳动者切身利益的规章制度违反法律、法规规定的，由劳动行政部门责令改正，给予警告；给劳动者造成损害的，应当承担赔偿责任。

第八十一条 【缺乏必备条款、不交付劳动合同文本的法律责任】用人单位提供的劳动合同文本未载明本法规定的劳动合同必备条款或者用人单位未将劳动合同文本交付劳动者的，由劳动行政部门责令改正；给劳动者造成损害的，应当承担赔偿责任。

第八十二条 【不订立书面劳动合同的法律责任】用人单位自用工之日起超过一个月不满一年未与劳动者订立书面劳动合同的，应当向劳动者每月支付二倍的工资。

用人单位违反本法规定不与劳动者订立无固定期限劳动合同的，自应当订立无固定期限劳动合同之日起向劳动者每月支付二倍的工资。

第八十三条 【违法约定试用期的法律责任】用人单位违反本法规定与劳动者约定试用期的，由劳动行政部门责令改正；违法约定的试用期已经履行的，由用人单位以劳动者试用期满月工资为标准，按已经履行的超过法定试用期的期间向劳动者支付赔偿金。

第八十四条　【扣押劳动者身份证等证件的法律责任】用人单位违反本法规定，扣押劳动者居民身份证等证件的，由劳动行政部门责令限期退还劳动者本人，并依照有关法律规定给予处罚。

用人单位违反本法规定，以担保或者其他名义向劳动者收取财物的，由劳动行政部门责令限期退还劳动者本人，并以每人五百元以上二千元以下的标准处以罚款；给劳动者造成损害的，应当承担赔偿责任。

劳动者依法解除或者终止劳动合同，用人单位扣押劳动者档案或者其他物品的，依照前款规定处罚。

第八十五条　【未依法支付劳动报酬、经济补偿等的法律责任】用人单位有下列情形之一的，由劳动行政部门责令限期支付劳动报酬、加班费或者经济补偿；劳动报酬低于当地最低工资标准的，应当支付其差额部分；逾期不支付的，责令用人单位按应付金额百分之五十以上百分之一百以下的标准向劳动者加付赔偿金：

（一）未按照劳动合同的约定或者国家规定及时足额支付劳动者劳动报酬的；

（二）低于当地最低工资标准支付劳动者工资的；

（三）安排加班不支付加班费的；

（四）解除或者终止劳动合同，未依照本法规定向劳动者支付经济补偿的。

第八十六条　【订立无效劳动合同的法律责任】劳动合同依照本法第二十六条规定被确认无效，给对方造成损害的，有过错的一方应当承担赔偿责任。

第八十七条　【违法解除或者终止劳动合同的法律责任】用人

单位违反本法规定解除或者终止劳动合同的，应当依照本法第四十七条规定的经济补偿标准的二倍向劳动者支付赔偿金。

第八十八条 【侵害劳动者人身权益的法律责任】用人单位有下列情形之一的，依法给予行政处罚；构成犯罪的，依法追究刑事责任；给劳动者造成损害的，应当承担赔偿责任：

（一）以暴力、威胁或者非法限制人身自由的手段强迫劳动的；

（二）违章指挥或者强令冒险作业危及劳动者人身安全的；

（三）侮辱、体罚、殴打、非法搜查或者拘禁劳动者的；

（四）劳动条件恶劣、环境污染严重，给劳动者身心健康造成严重损害的。

第八十九条 【不出具解除、终止劳动合同书面证明的法律责任】用人单位违反本法规定未向劳动者出具解除或者终止劳动合同的书面证明，由劳动行政部门责令改正；给劳动者造成损害的，应当承担赔偿责任。

第九十条 【劳动者的赔偿责任】劳动者违反本法规定解除劳动合同，或者违反劳动合同中约定的保密义务或者竞业限制，给用人单位造成损失的，应当承担赔偿责任。

第九十一条 【用人单位的连带赔偿责任】用人单位招用与其他用人单位尚未解除或者终止劳动合同的劳动者，给其他用人单位造成损失的，应当承担连带赔偿责任。

第九十二条 【劳务派遣单位、用工单位的法律责任】违反本法规定，未经许可，擅自经营劳务派遣业务的，由劳动行政部门责令停止违法行为，没收违法所得，并处违法所得一倍以上五倍以下的罚款；没有违法所得的，可以处五万元以下的罚款。

劳务派遣单位、用工单位违反本法有关劳务派遣规定的，由劳动行政部门责令限期改正；逾期不改正的，以每人五千元以上一万元以下的标准处以罚款，对劳务派遣单位，吊销其劳务派遣业务经营许可证。用工单位给被派遣劳动者造成损害的，劳务派遣单位与用工单位承担连带赔偿责任。

第九十三条　【不具备合法经营资格的用人单位的法律责任】对不具备合法经营资格的用人单位的违法犯罪行为，依法追究法律责任；劳动者已经付出劳动的，该单位或者其出资人应当依照本法有关规定向劳动者支付劳动报酬、经济补偿、赔偿金；给劳动者造成损害的，应当承担赔偿责任。

第九十四条　【个人承包经营者的连带赔偿责任】个人承包经营违反本法规定招用劳动者，给劳动者造成损害的，发包的组织与个人承包经营者承担连带赔偿责任。

第九十五条　【主管部门及其工作人员不履行法定职责、违法行使职权的法律责任】劳动行政部门和其他有关主管部门及其工作人员玩忽职守、不履行法定职责，或者违法行使职权，给劳动者或者用人单位造成损害的，应当承担赔偿责任；对直接负责的主管人员和其他直接责任人员，依法给予行政处分；构成犯罪的，依法追究刑事责任。

第八章　附　　则

第九十六条　【事业单位聘用制劳动合同的法律适用】事业单位与实行聘用制的工作人员订立、履行、变更、解除或者终止劳动合同，法律、行政法规或者国务院另有规定的，依照其规定；未作规定的，依照本法有关规定执行。

第九十七条　【过渡性条款】本法施行前已依法订立且在本法施行之日存续的劳动合同，继续履行；本法第十四条第二款第三项规定连续订立固定期限劳动合同的次数，自本法施行后续订固定期限劳动合同时开始计算。

本法施行前已建立劳动关系，尚未订立书面劳动合同的，应当自本法施行之日起一个月内订立。

本法施行之日存续的劳动合同在本法施行后解除或者终止，依照本法第四十六条规定应当支付经济补偿的，经济补偿年限自本法施行之日起计算；本法施行前按照当时有关规定，用人单位应当向劳动者支付经济补偿的，按照当时有关规定执行。

第九十八条　【施行日期】本法自2008年1月1日起施行。

中华人民共和国劳动合同法实施条例

（2008年9月3日国务院第25次常务会议通过　2008年9月18日中华人民共和国国务院令第535号公布　自公布之日起施行）

第一章　总　则

第一条　为了贯彻实施《中华人民共和国劳动合同法》（以下简称劳动合同法），制定本条例。

第二条　各级人民政府和县级以上人民政府劳动行政等有关部门以及工会等组织，应当采取措施，推动劳动合同法的贯彻实施，促进劳动关系的和谐。

第三条　依法成立的会计师事务所、律师事务所等合伙组织和基金会，属于劳动合同法规定的用人单位。

第二章　劳动合同的订立

第四条　劳动合同法规定的用人单位设立的分支机构，依法取得营业执照或者登记证书的，可以作为用人单位与劳动者订立劳动合同；未依法取得营业执照或者登记证书的，受用人单位委托可以与劳动者订立劳动合同。

第五条　自用工之日起一个月内，经用人单位书面通知后，劳动者不与用人单位订立书面劳动合同的，用人单位应当书面通知劳动者终止劳动关系，无需向劳动者支付经济补偿，但是应当依法向劳动者支付其实际工作时间的劳动报酬。

第六条　用人单位自用工之日起超过一个月不满一年未与劳动者订立书面劳动合同的，应当依照劳动合同法第八十二条的规定向劳动者每月支付两倍的工资，并与劳动者补订书面劳动合同；劳动者不与用人单位订立书面劳动合同的，用人单位应当书面通知劳动者终止劳动关系，并依照劳动合同法第四十七条的规定支付经济补偿。

前款规定的用人单位向劳动者每月支付两倍工资的起算时间为用工之日起满一个月的次日，截止时间为补订书面劳动合同的前一日。

第七条　用人单位自用工之日起满一年未与劳动者订立书面劳动合同的，自用工之日起满一个月的次日至满一年的前一日应当依照劳动合同法第八十二条的规定向劳动者每月支付两倍的工资，并视为自用工之日起满一年的当日已经与劳动者订立无固定期限劳动合同，应当立即与劳动者补订书面劳动合同。

第八条　劳动合同法第七条规定的职工名册，应当包括劳动者姓名、性别、公民身份号码、户籍地址及现住址、联系方式、用工形式、用工起始时间、劳动合同期限等内容。

第九条　劳动合同法第十四条第二款规定的连续工作满10年的起始时间，应当自用人单位用工之日起计算，包括劳动合同法施行前的工作年限。

第十条　劳动者非因本人原因从原用人单位被安排到新用人单位工作的，劳动者在原用人单位的工作年限合并计算为新用人单位的工作年限。原用人单位已经向劳动者支付经济补偿的，新用人单位在依法解除、终止劳动合同计算支付经济补偿的工作年限时，不再计算劳动者在原用人单位的工作年限。

第十一条　除劳动者与用人单位协商一致的情形外，劳动者依照劳动合同法第十四条第二款的规定，提出订立无固定期限劳动合同的，用人单位应当与其订立无固定期限劳动合同。对劳动合同的内容，双方应当按照合法、公平、平等自愿、协商一致、诚实信用的原则协商确定；对协商不一致的内容，依照劳动合同法第十八条的规定执行。

第十二条　地方各级人民政府及县级以上地方人民政府有关部门为安置就业困难人员提供的给予岗位补贴和社会保险补贴的公益性岗位，其劳动合同不适用劳动合同法有关无固定期限劳动合同的规定以及支付经济补偿的规定。

第十三条　用人单位与劳动者不得在劳动合同法第四十四条规定的劳动合同终止情形之外约定其他的劳动合同终止条件。

第十四条　劳动合同履行地与用人单位注册地不一致的，有关劳动者的最低工资标准、劳动保护、劳动条件、职业危害防护和本地区上年度职工月平均工资标准等事项，按照劳动合同履行地的有关规定执行；用人单位注册地的有关标准高于劳动合同履行地的有关标准，且用人单位与劳动者约定按照用人单位注册地的有关规定执行的，从其约定。

第十五条　劳动者在试用期的工资不得低于本单位相同岗位最低档工资的80%或者不得低于劳动合同约定工资的80%，并不得低于用人单位所在地的最低工资标准。

第十六条 劳动合同法第二十二条第二款规定的培训费用,包括用人单位为了对劳动者进行专业技术培训而支付的有凭证的培训费用、培训期间的差旅费用以及因培训产生的用于该劳动者的其他直接费用。

第十七条 劳动合同期满,但是用人单位与劳动者依照劳动合同法第二十二条的规定约定的服务期尚未到期的,劳动合同应当续延至服务期满;双方另有约定的,从其约定。

第三章　劳动合同的解除和终止

第十八条 有下列情形之一的,依照劳动合同法规定的条件、程序,劳动者可以与用人单位解除固定期限劳动合同、无固定期限劳动合同或者以完成一定工作任务为期限的劳动合同:

(一) 劳动者与用人单位协商一致的;

(二) 劳动者提前 30 日以书面形式通知用人单位的;

(三) 劳动者在试用期内提前 3 日通知用人单位的;

(四) 用人单位未按照劳动合同约定提供劳动保护或者劳动条件的;

(五) 用人单位未及时足额支付劳动报酬的;

(六) 用人单位未依法为劳动者缴纳社会保险费的;

(七) 用人单位的规章制度违反法律、法规的规定,损害劳动者权益的;

(八) 用人单位以欺诈、胁迫的手段或者乘人之危,使劳动者在违背真实意思的情况下订立或者变更劳动合同的;

(九) 用人单位在劳动合同中免除自己的法定责任、排除劳动者权利的;

(十) 用人单位违反法律、行政法规强制性规定的;

（十一）用人单位以暴力、威胁或者非法限制人身自由的手段强迫劳动者劳动的；

（十二）用人单位违章指挥、强令冒险作业危及劳动者人身安全的；

（十三）法律、行政法规规定劳动者可以解除劳动合同的其他情形。

第十九条 有下列情形之一的，依照劳动合同法规定的条件、程序，用人单位可以与劳动者解除固定期限劳动合同、无固定期限劳动合同或者以完成一定工作任务为期限的劳动合同：

（一）用人单位与劳动者协商一致的；

（二）劳动者在试用期间被证明不符合录用条件的；

（三）劳动者严重违反用人单位的规章制度的；

（四）劳动者严重失职，营私舞弊，给用人单位造成重大损害的；

（五）劳动者同时与其他用人单位建立劳动关系，对完成本单位的工作任务造成严重影响，或者经用人单位提出，拒不改正的；

（六）劳动者以欺诈、胁迫的手段或者乘人之危，使用人单位在违背真实意思的情况下订立或者变更劳动合同的；

（七）劳动者被依法追究刑事责任的；

（八）劳动者患病或者非因工负伤，在规定的医疗期满后不能从事原工作，也不能从事由用人单位另行安排的工作的；

（九）劳动者不能胜任工作，经过培训或者调整工作岗位，仍不能胜任工作的；

（十）劳动合同订立时所依据的客观情况发生重大变化，致使劳动合同无法履行，经用人单位与劳动者协商，未能就变更劳动合同内容达成协议的；

（十一）用人单位依照企业破产法规定进行重整的；

（十二）用人单位生产经营发生严重困难的；

（十三）企业转产、重大技术革新或者经营方式调整，经变更劳动合同后，仍需裁减人员的；

（十四）其他因劳动合同订立时所依据的客观经济情况发生重大变化，致使劳动合同无法履行的。

第二十条 用人单位依照劳动合同法第四十条的规定，选择额外支付劳动者一个月工资解除劳动合同的，其额外支付的工资应当按照该劳动者上一个月的工资标准确定。

第二十一条 劳动者达到法定退休年龄的，劳动合同终止。

第二十二条 以完成一定工作任务为期限的劳动合同因任务完成而终止的，用人单位应当依照劳动合同法第四十七条的规定向劳动者支付经济补偿。

第二十三条 用人单位依法终止工伤职工的劳动合同的，除依照劳动合同法第四十七条的规定支付经济补偿外，还应当依照国家有关工伤保险的规定支付一次性工伤医疗补助金和伤残就业补助金。

第二十四条 用人单位出具的解除、终止劳动合同的证明，应当写明劳动合同期限、解除或者终止劳动合同的日期、工作岗位、在本单位的工作年限。

第二十五条 用人单位违反劳动合同法的规定解除或者终止劳动合同，依照劳动合同法第八十七条的规定支付了赔偿金的，不再支付经济补偿。赔偿金的计算年限自用工之日起计算。

第二十六条 用人单位与劳动者约定了服务期，劳动者依照劳动合同法第三十八条的规定解除劳动合同的，不属于违反服务期的约定，用人单位不得要求劳动者支付违约金。

有下列情形之一，用人单位与劳动者解除约定服务期的劳动合同的，劳动者应当按照劳动合同的约定向用人单位支付违约金：

（一）劳动者严重违反用人单位的规章制度的；

（二）劳动者严重失职，营私舞弊，给用人单位造成重大损害的；

（三）劳动者同时与其他用人单位建立劳动关系，对完成本单位的工作任务造成严重影响，或者经用人单位提出，拒不改正的；

（四）劳动者以欺诈、胁迫的手段或者乘人之危，使用人单位在违背真实意思的情况下订立或者变更劳动合同的；

（五）劳动者被依法追究刑事责任的。

第二十七条 劳动合同法第四十七条规定的经济补偿的月工资按照劳动者应得工资计算，包括计时工资或者计件工资以及奖金、津贴和补贴等货币性收入。劳动者在劳动合同解除或者终止前12个月的平均工资低于当地最低工资标准的，按照当地最低工资标准计算。劳动者工作不满12个月的，按照实际工作的月数计算平均工资。

第四章 劳务派遣特别规定

第二十八条 用人单位或者其所属单位出资或者合伙设立的劳务派遣单位，向本单位或者所属单位派遣劳动者的，属于劳动合同法第六十七条规定的不得设立的劳务派遣单位。

第二十九条 用工单位应当履行劳动合同法第六十二条规定的义务，维护被派遣劳动者的合法权益。

第三十条 劳务派遣单位不得以非全日制用工形式招用被派遣劳动者。

第三十一条 劳务派遣单位或者被派遣劳动者依法解除、终止劳动合同的经济补偿，依照劳动合同法第四十六条、第四十七条的规定执行。

第三十二条　劳务派遣单位违法解除或者终止被派遣劳动者的劳动合同的，依照劳动合同法第四十八条的规定执行。

第五章　法　律　责　任

第三十三条　用人单位违反劳动合同法有关建立职工名册规定的，由劳动行政部门责令限期改正；逾期不改正的，由劳动行政部门处 2000 元以上 2 万元以下的罚款。

第三十四条　用人单位依照劳动合同法的规定应当向劳动者每月支付两倍的工资或者应当向劳动者支付赔偿金而未支付的，劳动行政部门应当责令用人单位支付。

第三十五条　用工单位违反劳动合同法和本条例有关劳务派遣规定的，由劳动行政部门和其他有关主管部门责令改正；情节严重的，以每位被派遣劳动者 1000 元以上 5000 元以下的标准处以罚款；给被派遣劳动者造成损害的，劳务派遣单位和用工单位承担连带赔偿责任。

第六章　附　　　则

第三十六条　对违反劳动合同法和本条例的行为的投诉、举报，县级以上地方人民政府劳动行政部门依照《劳动保障监察条例》的规定处理。

第三十七条　劳动者与用人单位因订立、履行、变更、解除或者终止劳动合同发生争议的，依照《中华人民共和国劳动争议调解仲裁法》的规定处理。

第三十八条　本条例自公布之日起施行。

中华人民共和国劳动争议调解仲裁法

（2007年12月29日第十届全国人民代表大会常务委员会第三十一次会议通过 2007年12月29日中华人民共和国主席令第80号公布 自2008年5月1日起施行）

目 录

第一章 总 则
第二章 调 解
第三章 仲 裁
  第一节 一般规定
  第二节 申请和受理
  第三节 开庭和裁决
第四章 附 则

第一章 总 则

第一条 【立法宗旨】为了公正及时解决劳动争议，保护当事人合法权益，促进劳动关系和谐稳定，制定本法。

第二条 【适用范围】中华人民共和国境内的用人单位与劳动者发生的下列劳动争议，适用本法：

（一）因确认劳动关系发生的争议；

（二）因订立、履行、变更、解除和终止劳动合同发生的争议；

（三）因除名、辞退和辞职、离职发生的争议；

（四）因工作时间、休息休假、社会保险、福利、培训以及劳动保护发生的争议；

（五）因劳动报酬、工伤医疗费、经济补偿或者赔偿金等发生的争议；

（六）法律、法规规定的其他劳动争议。

第三条　【基本原则】解决劳动争议，应当根据事实，遵循合法、公正、及时、着重调解的原则，依法保护当事人的合法权益。

第四条　【协商】发生劳动争议，劳动者可以与用人单位协商，也可以请工会或者第三方共同与用人单位协商，达成和解协议。

第五条　【调解、仲裁、诉讼】发生劳动争议，当事人不愿协商、协商不成或者达成和解协议后不履行的，可以向调解组织申请调解；不愿调解、调解不成或者达成调解协议后不履行的，可以向劳动争议仲裁委员会申请仲裁；对仲裁裁决不服的，除本法另有规定的外，可以向人民法院提起诉讼。

第六条　【举证责任】发生劳动争议，当事人对自己提出的主张，有责任提供证据。与争议事项有关的证据属于用人单位掌握管理的，用人单位应当提供；用人单位不提供的，应当承担不利后果。

第七条　【推举代表参加调解、仲裁或诉讼】发生劳动争议的劳动者一方在十人以上，并有共同请求的，可以推举代表参加调解、仲裁或者诉讼活动。

第八条　【三方机制】县级以上人民政府劳动行政部门会同工会和企业方面代表建立协调劳动关系三方机制，共同研究解决劳动争议的重大问题。

第九条　【拖欠劳动报酬等争议的行政救济】用人单位违反国家规定，拖欠或者未足额支付劳动报酬，或者拖欠工伤医疗费、经济补偿或者赔偿金的，劳动者可以向劳动行政部门投诉，劳动行政部门应当依法处理。

第二章 调 解

第十条 【调解组织】发生劳动争议,当事人可以到下列调解组织申请调解:

(一)企业劳动争议调解委员会;

(二)依法设立的基层人民调解组织;

(三)在乡镇、街道设立的具有劳动争议调解职能的组织。

企业劳动争议调解委员会由职工代表和企业代表组成。职工代表由工会成员担任或者由全体职工推举产生,企业代表由企业负责人指定。企业劳动争议调解委员会主任由工会成员或者双方推举的人员担任。

第十一条 【调解员】劳动争议调解组织的调解员应当由公道正派、联系群众、热心调解工作,并具有一定法律知识、政策水平和文化水平的成年公民担任。

第十二条 【申请调解的形式】当事人申请劳动争议调解可以书面申请,也可以口头申请。口头申请的,调解组织应当当场记录申请人基本情况、申请调解的争议事项、理由和时间。

第十三条 【调解的基本原则】调解劳动争议,应当充分听取双方当事人对事实和理由的陈述,耐心疏导,帮助其达成协议。

第十四条 【调解协议】经调解达成协议的,应当制作调解协议书。

调解协议书由双方当事人签名或者盖章,经调解员签名并加盖调解组织印章后生效,对双方当事人具有约束力,当事人应当履行。

自劳动争议调解组织收到调解申请之日起十五日内未达成调解协议的,当事人可以依法申请仲裁。

第十五条 【申请仲裁】达成调解协议后，一方当事人在协议约定期限内不履行调解协议的，另一方当事人可以依法申请仲裁。

第十六条 【支付令】因支付拖欠劳动报酬、工伤医疗费、经济补偿或者赔偿金事项达成调解协议，用人单位在协议约定期限内不履行的，劳动者可以持调解协议书依法向人民法院申请支付令。人民法院应当依法发出支付令。

第三章 仲 裁

第一节 一般规定

第十七条 【劳动争议仲裁委员会的设立】劳动争议仲裁委员会按照统筹规划、合理布局和适应实际需要的原则设立。省、自治区人民政府可以决定在市、县设立；直辖市人民政府可以决定在区、县设立。直辖市、设区的市也可以设立一个或者若干个劳动争议仲裁委员会。劳动争议仲裁委员会不按行政区划层层设立。

第十八条 【制定规则及指导劳动争议仲裁工作】国务院劳动行政部门依照本法有关规定制定仲裁规则。省、自治区、直辖市人民政府劳动行政部门对本行政区域的劳动争议仲裁工作进行指导。

第十九条 【劳动争议仲裁委员会的组成与职责】劳动争议仲裁委员会由劳动行政部门代表、工会代表和企业方面代表组成。劳动争议仲裁委员会组成人员应当是单数。

劳动争议仲裁委员会依法履行下列职责：

（一）聘任、解聘专职或者兼职仲裁员；

（二）受理劳动争议案件；

（三）讨论重大或者疑难的劳动争议案件；

（四）对仲裁活动进行监督。

劳动争议仲裁委员会下设办事机构，负责办理劳动争议仲裁委员会的日常工作。

第二十条　【仲裁员】 劳动争议仲裁委员会应当设仲裁员名册。

仲裁员应当公道正派并符合下列条件之一：

（一）曾任审判员的；

（二）从事法律研究、教学工作并具有中级以上职称的；

（三）具有法律知识、从事人力资源管理或者工会等专业工作满五年的；

（四）律师执业满三年的。

第二十一条　【劳动争议仲裁案件的管辖】 劳动争议仲裁委员会负责管辖本区域内发生的劳动争议。

劳动争议由劳动合同履行地或者用人单位所在地的劳动争议仲裁委员会管辖。双方当事人分别向劳动合同履行地和用人单位所在地的劳动争议仲裁委员会申请仲裁的，由劳动合同履行地的劳动争议仲裁委员会管辖。

第二十二条　【劳动争议仲裁案件的当事人】 发生劳动争议的劳动者和用人单位为劳动争议仲裁案件的双方当事人。

劳务派遣单位或者用工单位与劳动者发生劳动争议的，劳务派遣单位和用工单位为共同当事人。

第二十三条　【有利害关系的第三人】 与劳动争议案件的处理结果有利害关系的第三人，可以申请参加仲裁活动或者由劳动争议仲裁委员会通知其参加仲裁活动。

第二十四条　【委托代理人参加仲裁活动】 当事人可以委托代理人参加仲裁活动。委托他人参加仲裁活动，应当向劳动争议仲裁委员会提交有委托人签名或者盖章的委托书，委托书应当载明委托事项和权限。

第二十五条 【法定代理人、指定代理人或近亲属参加仲裁的情形】丧失或者部分丧失民事行为能力的劳动者，由其法定代理人代为参加仲裁活动；无法定代理人的，由劳动争议仲裁委员会为其指定代理人。劳动者死亡的，由其近亲属或者代理人参加仲裁活动。

第二十六条 【仲裁公开原则及例外】劳动争议仲裁公开进行，但当事人协议不公开进行或者涉及国家秘密、商业秘密和个人隐私的除外。

第二节 申请和受理

第二十七条 【仲裁时效】劳动争议申请仲裁的时效期间为一年。仲裁时效期间从当事人知道或者应当知道其权利被侵害之日起计算。

前款规定的仲裁时效，因当事人一方向对方当事人主张权利，或者向有关部门请求权利救济，或者对方当事人同意履行义务而中断。从中断时起，仲裁时效期间重新计算。

因不可抗力或者有其他正当理由，当事人不能在本条第一款规定的仲裁时效期间申请仲裁的，仲裁时效中止。从中止时效的原因消除之日起，仲裁时效期间继续计算。

劳动关系存续期间因拖欠劳动报酬发生争议的，劳动者申请仲裁不受本条第一款规定的仲裁时效期间的限制；但是，劳动关系终止的，应当自劳动关系终止之日起一年内提出。

第二十八条 【仲裁的申请】申请人申请仲裁应当提交书面仲裁申请，并按照被申请人人数提交副本。

仲裁申请书应当载明下列事项：

（一）劳动者的姓名、性别、年龄、职业、工作单位和住所，用人单位的名称、住所和法定代表人或者主要负责人的姓名、职务；

（二）仲裁请求和所根据的事实、理由；

（三）证据和证据来源、证人姓名和住所。

书写仲裁申请确有困难的，可以口头申请，由劳动争议仲裁委员会记入笔录，并告知对方当事人。

第二十九条 【仲裁的受理和不予受理】劳动争议仲裁委员会收到仲裁申请之日起五日内，认为符合受理条件的，应当受理，并通知申请人；认为不符合受理条件的，应当书面通知申请人不予受理，并说明理由。对劳动争议仲裁委员会不予受理或者逾期未作出决定的，申请人可以就该劳动争议事项向人民法院提起诉讼。

第三十条 【仲裁申请的送达与仲裁答辩书的提交】劳动争议仲裁委员会受理仲裁申请后，应当在五日内将仲裁申请书副本送达被申请人。

被申请人收到仲裁申请书副本后，应当在十日内向劳动争议仲裁委员会提交答辩书。劳动争议仲裁委员会收到答辩书后，应当在五日内将答辩书副本送达申请人。被申请人未提交答辩书的，不影响仲裁程序的进行。

第三节 开庭和裁决

第三十一条 【仲裁庭】劳动争议仲裁委员会裁决劳动争议案件实行仲裁庭制。仲裁庭由三名仲裁员组成，设首席仲裁员。简单劳动争议案件可以由一名仲裁员独任仲裁。

第三十二条 【书面通知仲裁庭的组成情况】劳动争议仲裁委员会应当在受理仲裁申请之日起五日内将仲裁庭的组成情况书面通

知当事人。

第三十三条 【回避】仲裁员有下列情形之一，应当回避，当事人也有权以口头或者书面方式提出回避申请：

（一）是本案当事人或者当事人、代理人的近亲属的；

（二）与本案有利害关系的；

（三）与本案当事人、代理人有其他关系，可能影响公正裁决的；

（四）私自会见当事人、代理人，或者接受当事人、代理人的请客送礼的。

劳动争议仲裁委员会对回避申请应当及时作出决定，并以口头或者书面方式通知当事人。

第三十四条 【仲裁员的法律责任】仲裁员有本法第三十三条第四项规定情形，或者有索贿受贿、徇私舞弊、枉法裁决行为的，应当依法承担法律责任。劳动争议仲裁委员会应当将其解聘。

第三十五条 【开庭通知及延期开庭】仲裁庭应当在开庭五日前，将开庭日期、地点书面通知双方当事人。当事人有正当理由的，可以在开庭三日前请求延期开庭。是否延期，由劳动争议仲裁委员会决定。

第三十六条 【申请人、被申请人无故不到庭或中途退庭】申请人收到书面通知，无正当理由拒不到庭或者未经仲裁庭同意中途退庭的，可以视为撤回仲裁申请。

被申请人收到书面通知，无正当理由拒不到庭或者未经仲裁庭同意中途退庭的，可以缺席裁决。

第三十七条 【鉴定】仲裁庭对专门性问题认为需要鉴定的，可以交由当事人约定的鉴定机构鉴定；当事人没有约定或者无法达成约定的，由仲裁庭指定的鉴定机构鉴定。

根据当事人的请求或者仲裁庭的要求，鉴定机构应当派鉴定人参加开庭。当事人经仲裁庭许可，可以向鉴定人提问。

第三十八条　【质证、辩论、陈述最后意见】当事人在仲裁过程中有权进行质证和辩论。质证和辩论终结时，首席仲裁员或者独任仲裁员应当征询当事人的最后意见。

第三十九条　【举证】当事人提供的证据经查证属实的，仲裁庭应当将其作为认定事实的根据。

劳动者无法提供由用人单位掌握管理的与仲裁请求有关的证据，仲裁庭可以要求用人单位在指定期限内提供。用人单位在指定期限内不提供的，应当承担不利后果。

第四十条　【开庭笔录】仲裁庭应当将开庭情况记入笔录。当事人和其他仲裁参加人认为对自己陈述的记录有遗漏或者差错的，有权申请补正。如果不予补正，应当记录该申请。

笔录由仲裁员、记录人员、当事人和其他仲裁参加人签名或者盖章。

第四十一条　【申请仲裁后自行和解】当事人申请劳动争议仲裁后，可以自行和解。达成和解协议的，可以撤回仲裁申请。

第四十二条　【先行调解】仲裁庭在作出裁决前，应当先行调解。

调解达成协议的，仲裁庭应当制作调解书。

调解书应当写明仲裁请求和当事人协议的结果。调解书由仲裁员签名，加盖劳动争议仲裁委员会印章，送达双方当事人。调解书经双方当事人签收后，发生法律效力。

调解不成或者调解书送达前，一方当事人反悔的，仲裁庭应当及时作出裁决。

第四十三条　【仲裁案件审理期限和先行裁决】仲裁庭裁决劳

动争议案件,应当自劳动争议仲裁委员会受理仲裁申请之日起四十五日内结束。案情复杂需要延期的,经劳动争议仲裁委员会主任批准,可以延期并书面通知当事人,但是延长期限不得超过十五日。逾期未作出仲裁裁决的,当事人可以就该劳动争议事项向人民法院提起诉讼。

仲裁庭裁决劳动争议案件时,其中一部分事实已经清楚,可以就该部分先行裁决。

第四十四条 【先予执行】仲裁庭对追索劳动报酬、工伤医疗费、经济补偿或者赔偿金的案件,根据当事人的申请,可以裁决先予执行,移送人民法院执行。

仲裁庭裁决先予执行的,应当符合下列条件:

(一)当事人之间权利义务关系明确;

(二)不先予执行将严重影响申请人的生活。

劳动者申请先予执行的,可以不提供担保。

第四十五条 【作出裁决意见】裁决应当按照多数仲裁员的意见作出,少数仲裁员的不同意见应当记入笔录。仲裁庭不能形成多数意见时,裁决应当按照首席仲裁员的意见作出。

第四十六条 【裁决书】裁决书应当载明仲裁请求、争议事实、裁决理由、裁决结果和裁决日期。裁决书由仲裁员签名,加盖劳动争议仲裁委员会印章。对裁决持不同意见的仲裁员,可以签名,也可以不签名。

第四十七条 【一裁终局的案件】下列劳动争议,除本法另有规定的外,仲裁裁决为终局裁决,裁决书自作出之日起发生法律效力:

(一)追索劳动报酬、工伤医疗费、经济补偿或者赔偿金,不超过当地月最低工资标准十二个月金额的争议;

（二）因执行国家的劳动标准在工作时间、休息休假、社会保险等方面发生的争议。

第四十八条 【劳动者不服一裁终局案件的裁决提起诉讼的期限】劳动者对本法第四十七条规定的仲裁裁决不服的，可以自收到仲裁裁决书之日起十五日内向人民法院提起诉讼。

第四十九条 【用人单位不服一裁终局案件的裁决申请撤销裁决的期限】用人单位有证据证明本法第四十七条规定的仲裁裁决有下列情形之一，可以自收到仲裁裁决书之日起三十日内向劳动争议仲裁委员会所在地的中级人民法院申请撤销裁决：

（一）适用法律、法规确有错误的；
（二）劳动争议仲裁委员会无管辖权的；
（三）违反法定程序的；
（四）裁决所根据的证据是伪造的；
（五）对方当事人隐瞒了足以影响公正裁决的证据的；
（六）仲裁员在仲裁该案时有索贿受贿、徇私舞弊、枉法裁决行为的。

人民法院经组成合议庭审查核实裁决有前款规定情形之一的，应当裁定撤销。

仲裁裁决被人民法院裁定撤销的，当事人可以自收到裁定书之日起十五日内就该劳动争议事项向人民法院提起诉讼。

第五十条 【其他不服仲裁裁决提起诉讼的期限】当事人对本法第四十七条规定以外的其他劳动争议案件的仲裁裁决不服的，可以自收到仲裁裁决书之日起十五日内向人民法院提起诉讼；期满不起诉的，裁决书发生法律效力。

第五十一条 【生效调解书、裁决书的执行】当事人对发生法律效力的调解书、裁决书，应当依照规定的期限履行。一方当事人逾期不履行的,另一方当事人可以依照民事诉讼法的有关规定向人民法院申请执行。受理申请的人民法院应当依法执行。

第四章 附 则

第五十二条 【人事争议处理的法律适用】事业单位实行聘用制的工作人员与本单位发生劳动争议的,依照本法执行;法律、行政法规或者国务院另有规定的,依照其规定。

第五十三条 【劳动争议仲裁不收费】劳动争议仲裁不收费。劳动争议仲裁委员会的经费由财政予以保障。

第五十四条 【施行日期】本法自2008年5月1日起施行。

最高人民法院关于审理劳动争议案件适用法律问题的解释(一)

(2020年12月25日最高人民法院审判委员会第1825次会议通过 2020年12月29日最高人民法院公告公布 自2021年1月1日起施行 法释〔2020〕26号)

为正确审理劳动争议案件,根据《中华人民共和国民法典》《中华人民共和国劳动法》《中华人民共和国劳动合同法》《中华人民共和国劳动争议调解仲裁法》《中华人民共和国民事诉讼法》等相关法律规定,结合审判实践,制定本解释。

第一条 劳动者与用人单位之间发生的下列纠纷,属于劳动争议,当事人不服劳动争议仲裁机构作出的裁决,依法提起诉讼的,人民法院应予受理:

（一）劳动者与用人单位在履行劳动合同过程中发生的纠纷；

（二）劳动者与用人单位之间没有订立书面劳动合同，但已形成劳动关系后发生的纠纷；

（三）劳动者与用人单位因劳动关系是否已经解除或者终止，以及应否支付解除或者终止劳动关系经济补偿金发生的纠纷；

（四）劳动者与用人单位解除或者终止劳动关系后，请求用人单位返还其收取的劳动合同定金、保证金、抵押金、抵押物发生的纠纷，或者办理劳动者的人事档案、社会保险关系等移转手续发生的纠纷；

（五）劳动者以用人单位未为其办理社会保险手续，且社会保险经办机构不能补办导致其无法享受社会保险待遇为由，要求用人单位赔偿损失发生的纠纷；

（六）劳动者退休后，与尚未参加社会保险统筹的原用人单位因追索养老金、医疗费、工伤保险待遇和其他社会保险待遇而发生的纠纷；

（七）劳动者因为工伤、职业病，请求用人单位依法给予工伤保险待遇发生的纠纷；

（八）劳动者依据劳动合同法第八十五条规定，要求用人单位支付加付赔偿金发生的纠纷；

（九）因企业自主进行改制发生的纠纷。

第二条 下列纠纷不属于劳动争议：

（一）劳动者请求社会保险经办机构发放社会保险金的纠纷；

（二）劳动者与用人单位因住房制度改革产生的公有住房转让纠纷；

（三）劳动者对劳动能力鉴定委员会的伤残等级鉴定结论或者对职业病诊断鉴定委员会的职业病诊断鉴定结论的异议纠纷；

（四）家庭或者个人与家政服务人员之间的纠纷；

（五）个体工匠与帮工、学徒之间的纠纷；

（六）农村承包经营户与受雇人之间的纠纷。

第三条 劳动争议案件由用人单位所在地或者劳动合同履行地的基层人民法院管辖。

劳动合同履行地不明确的，由用人单位所在地的基层人民法院管辖。

法律另有规定的，依照其规定。

第四条 劳动者与用人单位均不服劳动争议仲裁机构的同一裁决，向同一人民法院起诉的，人民法院应当并案审理，双方当事人互为原告和被告，对双方的诉讼请求，人民法院应当一并作出裁决。在诉讼过程中，一方当事人撤诉的，人民法院应当根据另一方当事人的诉讼请求继续审理。双方当事人就同一仲裁裁决分别向有管辖权的人民法院起诉的，后受理的人民法院应当将案件移送给先受理的人民法院。

第五条 劳动争议仲裁机构以无管辖权为由对劳动争议案件不予受理，当事人提起诉讼的，人民法院按照以下情形分别处理：

（一）经审查认为该劳动争议仲裁机构对案件确无管辖权的，应当告知当事人向有管辖权的劳动争议仲裁机构申请仲裁；

（二）经审查认为该劳动争议仲裁机构有管辖权的，应当告知当事人申请仲裁，并将审查意见书面通知该劳动争议仲裁机构；劳动争议仲裁机构仍不受理，当事人就该劳动争议事项提起诉讼的，人民法院应予受理。

第六条 劳动争议仲裁机构以当事人申请仲裁的事项不属于劳动争议为由，作出不予受理的书面裁决、决定或者通知，当事人不服依法提起诉讼的，人民法院应当分别情况予以处理：

（一）属于劳动争议案件的，应当受理；

（二）虽不属于劳动争议案件，但属于人民法院主管的其他案件，应当依法受理。

第七条 劳动争议仲裁机构以申请仲裁的主体不适格为由，作出不予受理的书面裁决、决定或者通知，当事人不服依法提起诉讼，经审查确属主体不适格的，人民法院不予受理；已经受理的，裁定驳回起诉。

第八条 劳动争议仲裁机构为纠正原仲裁裁决错误重新作出裁决，当事人不服依法提起诉讼的，人民法院应当受理。

第九条 劳动争议仲裁机构仲裁的事项不属于人民法院受理的案件范围，当事人不服依法提起诉讼的，人民法院不予受理；已经受理的，裁定驳回起诉。

第十条 当事人不服劳动争议仲裁机构作出的预先支付劳动者劳动报酬、工伤医疗费、经济补偿或者赔偿金的裁决，依法提起诉讼的，人民法院不予受理。

用人单位不履行上述裁决中的给付义务，劳动者依法申请强制执行的，人民法院应予受理。

第十一条 劳动争议仲裁机构作出的调解书已经发生法律效力，一方当事人反悔提起诉讼的，人民法院不予受理；已经受理的，裁定驳回起诉。

第十二条 劳动争议仲裁机构逾期未作出受理决定或仲裁裁决，当事人直接提起诉讼的，人民法院应予受理，但申请仲裁的案件存在下列事由的除外：

（一）移送管辖的；

（二）正在送达或者送达延误的；

（三）等待另案诉讼结果、评残结论的；

（四）正在等待劳动争议仲裁机构开庭的；

（五）启动鉴定程序或者委托其他部门调查取证的；

（六）其他正当事由。

当事人以劳动争议仲裁机构逾期未作出仲裁裁决为由提起诉讼的，应当提交该仲裁机构出具的受理通知书或者其他已接受仲裁申请的凭证、证明。

第十三条 劳动者依据劳动合同法第三十条第二款和调解仲裁法第十六条规定向人民法院申请支付令，符合民事诉讼法第十七章督促程序规定的，人民法院应予受理。

依据劳动合同法第三十条第二款规定申请支付令被人民法院裁定终结督促程序后，劳动者就劳动争议事项直接提起诉讼的，人民法院应当告知其先向劳动争议仲裁机构申请仲裁。

依据调解仲裁法第十六条规定申请支付令被人民法院裁定终结督促程序后，劳动者依据调解协议直接提起诉讼的，人民法院应予受理。

第十四条 人民法院受理劳动争议案件后，当事人增加诉讼请求的，如该诉讼请求与讼争的劳动争议具有不可分性，应当合并审理；如属独立的劳动争议，应当告知当事人向劳动争议仲裁机构申请仲裁。

第十五条 劳动者以用人单位的工资欠条为证据直接提起诉讼，诉讼请求不涉及劳动关系其他争议的，视为拖欠劳动报酬争议，人民法院按照普通民事纠纷受理。

第十六条 劳动争议仲裁机构作出仲裁裁决后，当事人对裁决中的部分事项不服，依法提起诉讼的，劳动争议仲裁裁决不发生法律效力。

第十七条 劳动争议仲裁机构对多个劳动者的劳动争议作出仲

裁裁决后，部分劳动者对仲裁裁决不服，依法提起诉讼的，仲裁裁决对提起诉讼的劳动者不发生法律效力；对未提起诉讼的部分劳动者，发生法律效力，如其申请执行的，人民法院应当受理。

第十八条　仲裁裁决的类型以仲裁裁决书确定为准。仲裁裁决书未载明该裁决为终局裁决或者非终局裁决，用人单位不服该仲裁裁决向基层人民法院提起诉讼的，应当按照以下情形分别处理：

（一）经审查认为该仲裁裁决为非终局裁决的，基层人民法院应予受理；

（二）经审查认为该仲裁裁决为终局裁决的，基层人民法院不予受理，但应告知用人单位可以自收到不予受理裁定书之日起三十日内向劳动争议仲裁机构所在地的中级人民法院申请撤销该仲裁裁决；已经受理的，裁定驳回起诉。

第十九条　仲裁裁决书未载明该裁决为终局裁决或者非终局裁决，劳动者依据调解仲裁法第四十七条第一项规定，追索劳动报酬、工伤医疗费、经济补偿或者赔偿金，如果仲裁裁决涉及数项，每项确定的数额均不超过当地月最低工资标准十二个月金额的，应当按照终局裁决处理。

第二十条　劳动争议仲裁机构作出的同一仲裁裁决同时包含终局裁决事项和非终局裁决事项，当事人不服该仲裁裁决向人民法院提起诉讼的，应当按照非终局裁决处理。

第二十一条　劳动者依据调解仲裁法第四十八条规定向基层人民法院提起诉讼，用人单位依据调解仲裁法第四十九条规定向劳动争议仲裁机构所在地的中级人民法院申请撤销仲裁裁决的，中级人民法院应当不予受理；已经受理的，应当裁定驳回申请。

被人民法院驳回起诉或者劳动者撤诉的，用人单位可以自收到裁定书之日起三十日内，向劳动争议仲裁机构所在地的中级人民法院申请撤销仲裁裁决。

第二十二条 用人单位依据调解仲裁法第四十九条规定向中级人民法院申请撤销仲裁裁决，中级人民法院作出的驳回申请或者撤销仲裁裁决的裁定为终审裁定。

第二十三条 中级人民法院审理用人单位申请撤销终局裁决的案件，应当组成合议庭开庭审理。经过阅卷、调查和询问当事人，对没有新的事实、证据或者理由，合议庭认为不需要开庭审理的，可以不开庭审理。

中级人民法院可以组织双方当事人调解。达成调解协议的，可以制作调解书。一方当事人逾期不履行调解协议的，另一方可以申请人民法院强制执行。

第二十四条 当事人申请人民法院执行劳动争议仲裁机构作出的发生法律效力的裁决书、调解书，被申请人提出证据证明劳动争议仲裁裁决书、调解书有下列情形之一，并经审查核实的，人民法院可以根据民事诉讼法第二百三十七条规定，裁定不予执行：

（一）裁决的事项不属于劳动争议仲裁范围，或者劳动争议仲裁机构无权仲裁的；

（二）适用法律、法规确有错误的；

（三）违反法定程序的；

（四）裁决所根据的证据是伪造的；

（五）对方当事人隐瞒了足以影响公正裁决的证据的；

（六）仲裁员在仲裁该案时有索贿受贿、徇私舞弊、枉法裁决行为的；

（七）人民法院认定执行该劳动争议仲裁裁决违背社会公共利益的。

人民法院在不予执行的裁定书中，应当告知当事人在收到裁定书之次日起三十日内,可以就该劳动争议事项向人民法院提起诉讼。

第二十五条 劳动争议仲裁机构作出终局裁决,劳动者向人民法院申请执行,用人单位向劳动争议仲裁机构所在地的中级人民法院申请撤销的,人民法院应当裁定中止执行。

用人单位撤回撤销终局裁决申请或者其申请被驳回的,人民法院应当裁定恢复执行。仲裁裁决被撤销的,人民法院应当裁定终结执行。

用人单位向人民法院申请撤销仲裁裁决被驳回后,又在执行程序中以相同理由提出不予执行抗辩的,人民法院不予支持。

第二十六条 用人单位与其他单位合并的,合并前发生的劳动争议,由合并后的单位为当事人;用人单位分立为若干单位的,其分立前发生的劳动争议,由分立后的实际用人单位为当事人。

用人单位分立为若干单位后,具体承受劳动权利义务的单位不明确的,分立后的单位均为当事人。

第二十七条 用人单位招用尚未解除劳动合同的劳动者,原用人单位与劳动者发生的劳动争议,可以列新的用人单位为第三人。

原用人单位以新的用人单位侵权为由提起诉讼的,可以列劳动者为第三人。

原用人单位以新的用人单位和劳动者共同侵权为由提起诉讼的,新的用人单位和劳动者列为共同被告。

第二十八条 劳动者在用人单位与其他平等主体之间的承包经营期间,与发包方和承包方双方或者一方发生劳动争议,依法提起诉讼的,应当将承包方和发包方作为当事人。

第二十九条 劳动者与未办理营业执照、营业执照被吊销或者营业期限届满仍继续经营的用人单位发生争议的,应当将用人单位或者其出资人列为当事人。

第三十条 未办理营业执照、营业执照被吊销或者营业期限届满仍继续经营的用人单位,以挂靠等方式借用他人营业执照经营的,应当将用人单位和营业执照出借方列为当事人。

第三十一条 当事人不服劳动争议仲裁机构作出的仲裁裁决,依法提起诉讼,人民法院审查认为仲裁裁决遗漏了必须共同参加仲裁的当事人的,应当依法追加遗漏的人为诉讼当事人。

被追加的当事人应当承担责任的,人民法院应当一并处理。

第三十二条 用人单位与其招用的已经依法享受养老保险待遇或者领取退休金的人员发生用工争议而提起诉讼的,人民法院应当按劳务关系处理。①

企业停薪留职人员、未达到法定退休年龄的内退人员、下岗待岗人员以及企业经营性停产放长假人员,因与新的用人单位发生用工争议而提起诉讼的,人民法院应当按劳动关系处理。

第三十三条 外国人、无国籍人未依法取得就业证件即与中华人民共和国境内的用人单位签订劳动合同,当事人请求确认与用人单位存在劳动关系的,人民法院不予支持。

持有《外国专家证》并取得《外国人来华工作许可证》的外国人,与中华人民共和国境内的用人单位建立用工关系的,可以认定为劳动关系。

第三十四条 劳动合同期满后,劳动者仍在原用人单位工作,原用人单位未表示异议的,视为双方同意以原条件继续履行劳动合同。一方提出终止劳动关系的,人民法院应予支持。

根据劳动合同法第十四条规定,用人单位应当与劳动者签订无

---

① 根据《最高人民法院关于审理劳动争议案件适用法律问题的解释(二)》,本款自 2025 年 9 月 1 日起废止。

固定期限劳动合同而未签订的，人民法院可以视为双方之间存在无固定期限劳动合同关系，并以原劳动合同确定双方的权利义务关系。

第三十五条 劳动者与用人单位就解除或者终止劳动合同办理相关手续、支付工资报酬、加班费、经济补偿或者赔偿金等达成的协议，不违反法律、行政法规的强制性规定，且不存在欺诈、胁迫或者乘人之危情形的，应当认定有效。

前款协议存在重大误解或者显失公平情形，当事人请求撤销的，人民法院应予支持。

第三十六条 当事人在劳动合同或者保密协议中约定了竞业限制，但未约定解除或者终止劳动合同后给予劳动者经济补偿，劳动者履行了竞业限制义务，要求用人单位按照劳动者在劳动合同解除或者终止前十二个月平均工资的30%按月支付经济补偿的，人民法院应予支持。

前款规定的月平均工资的30%低于劳动合同履行地最低工资标准的，按照劳动合同履行地最低工资标准支付。

第三十七条 当事人在劳动合同或者保密协议中约定了竞业限制和经济补偿，当事人解除劳动合同时，除另有约定外，用人单位要求劳动者履行竞业限制义务，或者劳动者履行了竞业限制义务后要求用人单位支付经济补偿的，人民法院应予支持。

第三十八条 当事人在劳动合同或者保密协议中约定了竞业限制和经济补偿，劳动合同解除或者终止后，因用人单位的原因导致三个月未支付经济补偿，劳动者请求解除竞业限制约定的，人民法院应予支持。

第三十九条 在竞业限制期限内，用人单位请求解除竞业限制协议的，人民法院应予支持。

在解除竞业限制协议时，劳动者请求用人单位额外支付劳动者三个月的竞业限制经济补偿的，人民法院应予支持。

第四十条 劳动者违反竞业限制约定，向用人单位支付违约金后，用人单位要求劳动者按照约定继续履行竞业限制义务的，人民法院应予支持。

第四十一条 劳动合同被确认为无效，劳动者已付出劳动的，用人单位应当按照劳动合同法第二十八条、第四十六条、第四十七条的规定向劳动者支付劳动报酬和经济补偿。

由于用人单位原因订立无效劳动合同，给劳动者造成损害的，用人单位应当赔偿劳动者因合同无效所造成的经济损失。

第四十二条 劳动者主张加班费的，应当就加班事实的存在承担举证责任。但劳动者有证据证明用人单位掌握加班事实存在的证据，用人单位不提供的，由用人单位承担不利后果。

第四十三条 用人单位与劳动者协商一致变更劳动合同，虽未采用书面形式，但已经实际履行了口头变更的劳动合同超过一个月，变更后的劳动合同内容不违反法律、行政法规且不违背公序良俗，当事人以未采用书面形式为由主张劳动合同变更无效的，人民法院不予支持。

第四十四条 因用人单位作出的开除、除名、辞退、解除劳动合同、减少劳动报酬、计算劳动者工作年限等决定而发生的劳动争议，用人单位负举证责任。

第四十五条 用人单位有下列情形之一，迫使劳动者提出解除劳动合同的，用人单位应当支付劳动者的劳动报酬和经济补偿，并可支付赔偿金：

（一）以暴力、威胁或者非法限制人身自由的手段强迫劳动的；

（二）未按照劳动合同约定支付劳动报酬或者提供劳动条件的；

（三）克扣或者无故拖欠劳动者工资的；

（四）拒不支付劳动者延长工作时间工资报酬的；
（五）低于当地最低工资标准支付劳动者工资的。

第四十六条 劳动者非因本人原因从原用人单位被安排到新用人单位工作，原用人单位未支付经济补偿，劳动者依据劳动合同法第三十八条规定与新用人单位解除劳动合同，或者新用人单位向劳动者提出解除、终止劳动合同，在计算支付经济补偿或赔偿金的工作年限时，劳动者请求把在原用人单位的工作年限合并计算为新用人单位工作年限的，人民法院应予支持。

用人单位符合下列情形之一的，应当认定属于"劳动者非因本人原因从原用人单位被安排到新用人单位工作"：

（一）劳动者仍在原工作场所、工作岗位工作，劳动合同主体由原用人单位变更为新用人单位；
（二）用人单位以组织委派或任命形式对劳动者进行工作调动；
（三）因用人单位合并、分立等原因导致劳动者工作调动；
（四）用人单位及其关联企业与劳动者轮流订立劳动合同；
（五）其他合理情形。

第四十七条 建立了工会组织的用人单位解除劳动合同符合劳动合同法第三十九条、第四十条规定，但未按照劳动合同法第四十三条规定事先通知工会，劳动者以用人单位违法解除劳动合同为由请求用人单位支付赔偿金的，人民法院应予支持，但起诉前用人单位已经补正有关程序的除外。

第四十八条 劳动合同法施行后，因用人单位经营期限届满不再继续经营导致劳动合同不能继续履行，劳动者请求用人单位支付经济补偿的，人民法院应予支持。

第四十九条 在诉讼过程中，劳动者向人民法院申请采取财产保全措施，人民法院经审查认为申请人经济确有困难，或者有证据证明用人单位存在欠薪逃匿可能的，应当减轻或者免除劳动者提供担保的义务，及时采取保全措施。

人民法院作出的财产保全裁定中，应当告知当事人在劳动争议仲裁机构的裁决书或者在人民法院的裁判文书生效后三个月内申请强制执行。逾期不申请的，人民法院应当裁定解除保全措施。

第五十条　用人单位根据劳动合同法第四条规定，通过民主程序制定的规章制度，不违反国家法律、行政法规及政策规定，并已向劳动者公示的，可以作为确定双方权利义务的依据。

用人单位制定的内部规章制度与集体合同或者劳动合同约定的内容不一致，劳动者请求优先适用合同约定的，人民法院应予支持。

第五十一条　当事人在调解仲裁法第十条规定的调解组织主持下达成的具有劳动权利义务内容的调解协议，具有劳动合同的约束力，可以作为人民法院裁判的根据。

当事人在调解仲裁法第十条规定的调解组织主持下仅就劳动报酬争议达成调解协议，用人单位不履行调解协议确定的给付义务，劳动者直接提起诉讼的，人民法院可以按照普通民事纠纷受理。

第五十二条　当事人在人民调解委员会主持下仅就给付义务达成的调解协议，双方认为有必要的，可以共同向人民调解委员会所在地的基层人民法院申请司法确认。

第五十三条　用人单位对劳动者作出的开除、除名、辞退等处理，或者因其他原因解除劳动合同确有错误的，人民法院可以依法判决予以撤销。

对于追索劳动报酬、养老金、医疗费以及工伤保险待遇、经济补偿金、培训费及其他相关费用等案件，给付数额不当的，人民法院可以予以变更。

第五十四条　本解释自 2021 年 1 月 1 日起施行。

最高人民法院关于审理劳动争议案件适用法律问题的解释（二）

（2025年2月17日最高人民法院审判委员会第1942次会议通过　2025年7月31日最高人民法院公告公布　自2025年9月1日起施行　法释〔2025〕12号）

为正确审理劳动争议案件，根据《中华人民共和国民法典》《中华人民共和国劳动法》《中华人民共和国劳动合同法》《中华人民共和国民事诉讼法》《中华人民共和国劳动争议调解仲裁法》等相关法律规定，结合审判实践，制定本解释。

第一条　具备合法经营资格的承包人将承包业务转包或者分包给不具备合法经营资格的组织或者个人，该组织或者个人招用的劳动者请求确认承包人为承担用工主体责任单位，承担支付劳动报酬、认定工伤后的工伤保险待遇等责任的，人民法院依法予以支持。

第二条　不具备合法经营资格的组织或者个人挂靠具备合法经营资格的单位对外经营，该组织或者个人招用的劳动者请求确认被挂靠单位为承担用工主体责任单位，承担支付劳动报酬、认定工伤后的工伤保险待遇等责任的，人民法院依法予以支持。

第三条　劳动者被多个存在关联关系的单位交替或者同时用工，其请求确认劳动关系的，人民法院按照下列情形分别处理：

（一）已订立书面劳动合同，劳动者请求按照劳动合同确认劳动关系的，人民法院依法予以支持；

（二）未订立书面劳动合同的，根据用工管理行为，综合考虑工作时间、工作内容、劳动报酬支付、社会保险费缴纳等因素确认劳动关系。

劳动者请求符合前款第二项规定情形的关联单位共同承担支付劳动报酬、福利待遇等责任的，人民法院依法予以支持，但关联单位之间依法对劳动者的劳动报酬、福利待遇等作出约定且经劳动者同意的除外。

第四条 外国人与中华人民共和国境内的用人单位建立用工关系，有下列情形之一，外国人请求确认与用人单位存在劳动关系的，人民法院依法予以支持：

（一）已取得永久居留资格的；

（二）已取得工作许可且在中国境内合法停留居留的；

（三）按照国家有关规定办理相关手续的。

第五条 依法设立的外国企业常驻代表机构可以作为劳动争议案件的当事人。当事人申请追加外国企业参加诉讼的，人民法院依法予以支持。

第六条 用人单位未依法与劳动者订立书面劳动合同，应当支付劳动者的二倍工资按月计算；不满一个月的，按该月实际工作日计算。

第七条 劳动者以用人单位未订立书面劳动合同为由，请求用人单位支付二倍工资的，人民法院依法予以支持，但用人单位举证证明存在下列情形之一的除外：

（一）因不可抗力导致未订立的；

（二）因劳动者本人故意或者重大过失未订立的；

（三）法律、行政法规规定的其他情形。

第八条 劳动合同期满，有下列情形之一的，人民法院认定劳动合同期限依法自动续延，不属于用人单位未订立书面劳动合同的情形：

（一）劳动合同法第四十二条规定的用人单位不得解除劳动合同的；

（二）劳动合同法实施条例第十七条规定的服务期尚未到期的；

（三）工会法第十九条规定的任期未届满的。

第九条 有证据证明存在劳动合同法第十四条第三款规定的"视为用人单位与劳动者已订立无固定期限劳动合同"情形，劳动者请求与用人单位订立书面劳动合同的，人民法院依法予以支持；劳动者以用人单位未及时补订书面劳动合同为由，请求用人单位支付视为已与劳动者订立无固定期限劳动合同期间二倍工资的，人民法院不予支持。

第十条 有下列情形之一的，人民法院应认定为符合劳动合同法第十四条第二款第三项"连续订立二次固定期限劳动合同"的规定：

（一）用人单位与劳动者协商延长劳动合同期限累计达到一年以上，延长期限届满的；

（二）用人单位与劳动者约定劳动合同期满后自动续延，续延期限届满的；

（三）劳动者非因本人原因仍在原工作场所、工作岗位工作，用人单位变换劳动合同订立主体，但继续对劳动者进行劳动管理，合同期限届满的；

（四）以其他违反诚信原则的规避行为再次订立劳动合同，期限届满的。

第十一条 劳动合同期满后，劳动者仍在用人单位工作，用人单位未表示异议超过一个月，劳动者请求用人单位以原条件续订劳动合同的，人民法院依法予以支持。

符合订立无固定期限劳动合同情形，劳动者请求用人单位以原条件订立无固定期限劳动合同的，人民法院依法予以支持。

用人单位解除劳动合同，劳动者请求用人单位依法承担解除劳动合同法律后果的，人民法院依法予以支持。

第十二条　除向劳动者支付正常劳动报酬外，用人单位与劳动者约定服务期限并提供特殊待遇，劳动者违反约定提前解除劳动合同且不符合劳动合同法第三十八条规定的单方解除劳动合同情形时，用人单位请求劳动者承担赔偿损失责任的，人民法院可以综合考虑实际损失、当事人的过错程度、已经履行的年限等因素确定劳动者应当承担的赔偿责任。

第十三条　劳动者未知悉、接触用人单位的商业秘密和与知识产权相关的保密事项，劳动者请求确认竞业限制条款不生效的，人民法院依法予以支持。

竞业限制条款约定的竞业限制范围、地域、期限等内容与劳动者知悉、接触的商业秘密和与知识产权相关的保密事项不相适应，劳动者请求确认竞业限制条款超过合理比例部分无效的，人民法院依法予以支持。

第十四条　用人单位与高级管理人员、高级技术人员和其他负有保密义务的人员约定在职期间竞业限制条款，劳动者以不得约定在职期间竞业限制、未支付经济补偿为由请求确认竞业限制条款无效的，人民法院不予支持。

第十五条　劳动者违反有效的竞业限制约定，用人单位请求劳动者按照约定返还已经支付的经济补偿并支付违约金的，人民法院依法予以支持。

第十六条　用人单位违法解除或者终止劳动合同后，有下列情形之一的，人民法院可以认定为劳动合同法第四十八条规定的"劳动合同已经不能继续履行"：

（一）劳动合同在仲裁或者诉讼过程中期满且不存在应当依法续订、续延劳动合同情形的；

（二）劳动者开始依法享受基本养老保险待遇的；

（三）用人单位被宣告破产的；

（四）用人单位解散的，但因合并或者分立需要解散的除外；

（五）劳动者已经与其他用人单位建立劳动关系，对完成用人单位的工作任务造成严重影响，或者经用人单位提出，不与其他用人单位解除劳动合同的；

（六）存在劳动合同客观不能履行的其他情形的。

第十七条　用人单位未按照国务院安全生产监督管理部门、卫生行政部门的规定组织从事接触职业病危害作业的劳动者进行离岗前的职业健康检查，劳动者在双方解除劳动合同后请求继续履行劳动合同的，人民法院依法予以支持，但有下列情形之一的除外：

（一）一审法庭辩论终结前，用人单位已经组织劳动者进行职业健康检查且经检查劳动者未患职业病的；

（二）一审法庭辩论终结前，用人单位组织劳动者进行职业健康检查，劳动者无正当理由拒绝检查的。

第十八条　用人单位违法解除、终止可以继续履行的劳动合同，劳动者请求用人单位支付违法解除、终止决定作出后至劳动合同继续履行前一日工资的，用人单位应当按照劳动者提供正常劳动时的工资标准向劳动者支付上述期间的工资。

用人单位、劳动者对于劳动合同解除、终止都有过错的，应当各自承担相应的责任。

第十九条　用人单位与劳动者约定或者劳动者向用人单位承诺无需缴纳社会保险费的，人民法院应当认定该约定或者承诺无效。

用人单位未依法缴纳社会保险费，劳动者根据劳动合同法第三十八条第一款第三项规定请求解除劳动合同、由用人单位支付经济补偿的，人民法院依法予以支持。

有前款规定情形，用人单位依法补缴社会保险费后，请求劳动者返还已支付的社会保险费补偿的，人民法院依法予以支持。

第二十条　当事人在仲裁期间因自身原因未提出仲裁时效抗辩，在一审或者二审诉讼期间提出仲裁时效抗辩的，人民法院不予支持。当事人基于新的证据能够证明对方当事人请求权的仲裁时效期间届满的，人民法院应予支持。

当事人未按照前款规定提出仲裁时效抗辩，以仲裁时效期间届满为由申请再审或者提出再审抗辩的，人民法院不予支持。

第二十一条　本解释自2025年9月1日起施行。《最高人民法院关于审理劳动争议案件适用法律问题的解释（一）》（法释〔2020〕26号）第三十二条第一款同时废止。最高人民法院此前发布的司法解释与本解释不一致的，以本解释为准。

典型案例

一、用人单位不能通过订立承包合同规避劳动关系
——某高纤公司与崔某劳动合同纠纷案[①]

☞ **基本案情**

2022年2月，崔某到某高纤公司的车间工作。2022年3月，某高纤公司与该车间全体人员（含崔某）签订车间承包协议。承包协议约定，崔某等要遵守某高纤公司的各项安全制度、本协议视为某高纤公司与该车间全体人员（含崔某）签订的集体劳动合同。某高纤公司于2022年3月、4月、5月分别向崔某支付报酬。2022年6月，崔某在工作中受伤。崔某向某劳动人事争议仲裁委员会申请仲裁，请求确认其与某高纤公司存在劳动关系。某劳动人事争议仲裁委员会予以支持。某高纤公司不服，诉至人民法院，请求确认其与崔某之间不存在劳动关系。

☞ **裁判结果**

审理法院认为，崔某具备劳动者主体资格，某高纤公司具备用工主体资格。崔某自2022年2月至6月一直在某高纤公司的生产线工作，所从事的工作是公司业务的组成部分，按月领取劳动报

[①] 典型案例一至六参见《最高人民法院发布劳动争议典型案例》，载最高人民法院网，https://www.court.gov.cn/zixun/xiangqing/431252.html，最后访问日期：2025年8月18日。

酬。双方签订的承包协议载明该协议视为某高纤公司与崔某等人签订的集体劳动合同,崔某需遵守公司各项安全制度等约定亦证实某高纤公司的相关规章制度适用于崔某,崔某接受公司的劳动管理。审理法院判令崔某与某高纤公司之间存在劳动关系。

☞ 典型意义

　　随着市场经济的转型和发展,劳动密集型企业出于降低成本、提高效益等考虑,采取种类多样的经营模式。实践中存在部分企业滥用承包经营方式,通过与劳动者签订内部承包合同规避订立劳动合同的情形。用人单位以已经签订承包合同为由否认与劳动者之间的劳动关系,转嫁用工风险。人民法院在判断用人单位与劳动者之间是否存在劳动关系时,不仅要审查双方签订合同的名称,更要通过合同的内容和实际履行情况实质性审查双方之间的法律关系是否具备劳动关系的从属性特征,准确认定双方之间的法律关系,纠正通过签订承包合同等规避用人单位义务的违法用工行为,切实维护劳动者的合法权益。

二、劳动者对于是否订立无固定期限劳动合同具有单方选择权

——张某与某公交公司劳动合同纠纷案

☞ 基本案情

　　张某与某公交公司连续订立二次固定期限劳动合同,其中第二次订立的劳动合同期限至 2020 年 7 月 31 日止。2020 年 6 月 10 日,某公交公司通知张某等人续订劳动合同。2020 年 6 月 12 日,张某在某平台实名投诉公司不按规定配发口罩。同日,某公交公司通知

张某劳动合同到期终止，办理离职手续并交接工作。此后，张某多次要求某公交公司与其订立无固定期限劳动合同。2020年7月，某公交公司通知张某，双方于2020年7月31日终止劳动合同，并通过转账方式向张某支付终止劳动合同的经济补偿。张某在某公交公司工作至2020年7月31日。张某向某劳动人事争议仲裁委员会申请仲裁，要求某公交公司于2020年8月1日起依法与其订立无固定期限劳动合同。某劳动人事争议仲裁委员会裁决驳回张某的仲裁请求。张某不服，诉至人民法院。

☞ 裁判结果

审理法院认为，张某与某公交公司已连续订立二次固定期限劳动合同，张某不存在劳动合同法第三十九条规定的过失性辞退情形，亦不存在第四十条第一项规定的"因劳动者患病或者非因工负伤，在规定的医疗期满后不能从事原工作，也不能从事由用人单位另行安排的工作"及第二项规定的"劳动者不能胜任工作，经过培训或者调整工作岗位，仍不能胜任工作"的情形，张某提出与某公交公司订立无固定期限劳动合同符合法定条件，某公交公司应依法与张某订立无固定期限劳动合同。某公交公司单方作出终止劳动合同通知不符合法律规定。审理法院判令某公交公司与张某订立无固定期限劳动合同。

☞ 典型意义

无固定期限劳动合同强制缔约制度的立法初衷在于解决劳动合同短期化问题，从而保障劳动者的就业权。劳动合同法第十四条第二款第三项规定了连续二次订立固定期限劳动合同后的强制缔约义务。强制用人单位缔约虽然对合同自由、意思自治有所限制，但这种限制的根本目的是为了实现处于弱势地位的劳动者与用人单位的实质平等。本案中，劳动者投诉用人单位不属于过失性辞退情形，亦不符合无过失性辞退中因劳动者自身原因用人单位可以不续订无固定期限劳动合同的情形，只要劳动者符合续订无固定期限劳动合同的条件，其就具有单方选择权，用人单位无权拒绝续订。人民法院依法判令用人单位与劳动者订立无固定期限劳动合同，既符合立法目的，又有助于构建和谐稳定的劳动关系。

三、竞业限制协议不能限制非负有保密义务的劳动者的自主择业权
——某公司与李某竞业限制纠纷案

☞ 基本案情

2017年1月10日，李某入职某公司从事推拿师工作，双方签订员工保密协议，约定李某离职后两年内不得从事同类产品或同类企业的相关服务，否则应当一次性向某公司支付不低于50000元的违约金。2017年11月，李某取得高级小儿推拿职业培训师证书。2021年5月，李某从该公司离职，7月入职某社区卫生服务中心中药房工作。某公司主张李某掌握该公司的客户资料、产品报价方案、培训课程等信息，属于其他负有保密义务的人员，向某劳动人事争议仲裁委员会申请仲裁，要求李某支付违反竞业限制义务违约金50000元，某劳动人事争议仲裁委员会未予支持。某公司不服，诉至人民法院。

☞ 裁判结果

审理法院认为，李某系某公司的推拿师及培训师，不属于公司的高级管理人员及高级技术人员。李某掌握的客户资料是提供服务

过程中必然接触到的基本信息，例如客户名称、联系方式等；李某接触到的产品报价方案对服务的客户公开，潜在的客户经过咨询即可获得；某公司提供的培训课程虽然为自己制作的课件，但课件内的知识多为行业内中医小儿推拿的常识性内容。此外，李某在公司工作期间通过培训获取的按摩推拿知识及技能也是该行业通用的专业知识及技能。某公司提供的证据仅能证明李某在日常工作中接触到该公司的一般经营信息，而非核心经营信息。在正常履职期间仅接触用人单位一般经营信息的劳动者不属于劳动合同法第二十四条第一款规定的其他负有保密义务的人员。某公司主张李某属于负有保密义务的竞业限制人员，证据不足。审理法院判令驳回某公司要求李某支付竞业限制违约金的诉讼请求。

☞ **典型意义**

劳动合同法规定竞业限制制度的主要目的在于保护用人单位的商业秘密和与知识产权相关的保密事项，规制不正当竞争，而非限制人才在企业间的正常流动。实践中，竞业限制条款存在适用主体泛化等滥用现象。部分用人单位不区分劳动者是否属于掌握本单位商业秘密、与知识产权相关保密事项的人员，无差别地与劳动者签订竞业限制协议，并约定高额违约金。劳动者往往囿于用人单位的优势地位，无法拒绝签订竞业限制协议。不负有保密义务的劳动者离职后进入有竞争关系的新用人单位，原用人单位要求劳动者承担高额违约金，侵害了劳动者的合法权益。本案中，人民法院认定不负有保密义务的劳动者即使签订了竞业限制协议，也无需承担竞业限制义务。审判实践中，人民法院不仅要审理新用人单位与原用人单位之间是否存在竞争关系，更要审理劳动者是否属于应当承担竞业限制义务的人员，旗帜鲜明否定侵害劳动者自主择业权的违法竞业限制行为，畅通劳动力资源的社会性流动渠道。

四、劳动者的配偶投资、经营与劳动者原用人单位存在竞争关系的企业属于违反竞业限制的行为

——张某与某体育公司劳动争议案

☞ 基本案情

2018年7月31日,张某入职某体育公司,任教学研发中心总经理,负责教学教研管理。双方签订竞业限制协议,约定张某在劳动关系存续期间及二年的竞业限制期间,不得实施违反竞业限制的相关行为,同时约定竞业限制期间某体育公司向张某支付经济补偿,张某违约应支付违约金,违约金金额为双方劳动关系终止或解除前12个月张某自某体育公司及关联公司取得收入的10倍。张某于2021年7月31日离职,离职前12个月的平均工资为34097.44元。某体育公司向张某支付了5个月的竞业限制经济补偿。张某之妻于2021年12月变更为某公司的投资人(持有95%的股份),经营业务与某体育公司存在竞争关系。张某之妻设立的某公司的关联公司为张某缴纳社会保险。某体育公司认为张某违反竞业限制约定,应返还竞业经济补偿并承担违约责任,向某劳动人事争议仲裁委员会申请仲裁。某劳动人事争议仲裁委员会裁决,张某返还某体育公司竞业经济补偿、支付违约金。张某不服,诉至人民法院,请求无需返还竞业经济补偿及支付违约金。

☞ 裁判结果

审理法院认为,张某任教学研发中心总经理,负责管理工作,

对某体育公司的经营管理有决策权，应按照竞业限制协议等约定履行竞业限制义务。张某之妻作为投资人的某公司，在经营业务上与某体育公司存在竞争关系，属于竞业限制单位。考虑到张某与配偶之间具有紧密的人身和财产关系，经济利益上具有一致性，且其配偶的投资行为基本发生在张某从某体育公司离职后，故认定张某违反了竞业限制约定。综合考量劳动者给用人单位造成的损害、劳动者的主观过错程度、工资收入水平、职务、在职时间、违约期间、用人单位应支付的经济补偿数额以及当地的经济水平等因素，审理法院酌定张某支付某体育公司违反竞业限制违约金的数额，并判令返还竞业限制经济补偿。

☞ **典型意义**

在市场经济条件下，市场主体的生存发展与劳动人才竞争密切相关，构成了既相互促进又相互制约的关系。用人单位预先通过竞业限制约定等形式约束劳动者再就业的工作单位及就业方向，保护企业经济利益和竞争优势。本案中，作为高级管理人员的劳动者采取通过配偶实际经营竞争企业的方式实施竞业限制行为，违反竞业限制约定的方式更为隐蔽。人民法院在查明事实的基础上，准确认定劳动者违反竞业限制约定，判令其承担违约责任，秉持适当惩戒与维持劳动者生存的标准合理确定违约金数额，最大限度发挥制度优势，衡平劳动者自主择业与市场公平竞争之间的关系，为构建公平、合理、有序的良性市场竞争环境提供了有力支撑。

五、研发人员辞职后拒不交接工作给用人单位造成损失的，应承担赔偿责任
——某公司与李某劳动争议案

☞ 基本案情

2020年12月1日，某公司与李某订立劳动合同，约定李某担任研发岗位工作，合同期限3年；离职应当办理工作交接手续，交还工具、技术资料等，造成损失据实赔偿等内容。2022年2月15日，李某向某公司提出辞职，随即离开且拒不办理工作交接手续。某公司通过启动备用方案、招聘人员、委托设计等措施补救研发项目，因研发设计进度延误、迟延交付样机承担了违约责任。某公司向某劳动人事争议仲裁委员会申请仲裁，提出李某赔偿损失等请求。某劳动人事争议仲裁委员会不予受理。某公司诉至人民法院。

☞ 裁判结果

审理法院认为，劳动合同解除或者终止后，劳动者应当按照双方约定，办理工作交接手续。劳动者未履行前述义务给用人单位造成损失的，应当承担赔偿责任。李某作为某公司的研发人员，未提前三十日通知某公司即自行离职，且拒绝办理交接手续，其行为违反了劳动合同法第三十七条规定的劳动者提前三十日以书面形式通知用人单位，可以解除劳动合同的规定，应当按照第九十条有关劳动者赔偿责任的规定对某公司的损失承担赔偿责任。审理法院综合考量李某参与研发的时间、离职的时间、本人工资水平等因素，酌定李某赔偿某公司损失50000元。

☞ **典型意义**

党的十八大以来，以习近平同志为核心的党中央高度重视科技创新。党的二十大报告在"完善科技创新体系"部分提出，"坚持创新在我国现代化建设全局中的核心地位"。创新型企业竞争力的重要来源之一为研发人员。研发人员掌握着项目重要资料，主动解除劳动合同时，应秉持诚信原则，遵守劳动合同约定和法律规定，提前通知用人单位，办理交接手续，便于用人单位继续开展研究工作。本案中，人民法院在劳动者拒不履行工作交接义务给用人单位造成损失的情况下，依法判令其承担赔偿责任，为科技创新提供优质的法治保障。

六、男职工在妻子生育子女后依法享受护理假
——李某与某服饰公司劳动争议案

☞ **基本案情**

2021年5月5日，李某至某服饰公司从事摄影工作。因妻子待产，李某于2021年7月2日起回家陪产未再出勤。李某之子于2021年7月3日出生。2021年7月20日，李某回到某服饰公司继续工作至2021年11月17日。2021年11月18日，李某至某服饰公司结算工资时发生冲突。李某向某劳动人事争议仲裁委员会申请仲裁，提出某服饰公司支付护理假工资等请求。某劳动人事争议仲裁委员会终结案件审理。李某诉至人民法院。

☞ **裁判结果**

审理法院认为，根据《江苏省人口与计划生育条例》第二十四条规定，符合本条例规定生育子女的夫妻，女方在享受国家规定产

假的基础上，延长产假不少于三十天，男方享受护理假不少于十五天，假期视为出勤，在规定假期内照发工资。李某在护理假期间视为出勤，某服饰公司应当发放工资。审理法院支持李某要求某服饰公司支付十五天护理假工资等诉讼请求。

☞ 典型意义

近年来，各地落实《中共中央 国务院关于优化生育政策促进人口长期均衡发展的决定》，出台支持优化生育的政策措施。在家庭中，丈夫和妻子共同承担着生儿育女的责任。陪产护理假是男职工在妻子生育期间享有的看护、照料妻子与子女的权利。本案中，人民法院判令用人单位支付男职工护理假期间的工资，有助于引导用人单位严格执行国家相关规定，发挥男性在生育中不可或缺的丈夫和父亲的角色作用，强化两性在生育事务中的平等合作，有利于下一代的健康成长、生育支持政策体系的进一步完善及人口的高质量发展。

七、转承包建设工程的个人招用的劳动者被认定工伤后，承包人负有支付工伤保险待遇的责任
——某建筑公司与张某工伤保险待遇纠纷案[①]

☞ 基本案情

某建筑公司将所承包工程转包给刘某。2021年8月，刘某招用

---

① 典型案例七至十二参见《最高法发布劳动争议典型案例》，载最高人民法院网，https://www.court.gov.cn/zixun/xiangqing/472681.html，最后访问日期：2025年8月18日。

张某到工地工作。2021年10月10日，张某在作业时从高处坠落受伤，诊断为腰椎骨折。生效判决已确认某建筑公司与张某之间不存在劳动关系。2023年3月14日，人社部门作出《认定工伤决定书》，认定张某受到的事故伤害为工伤，某建筑公司对张某受到的事故伤害承担工伤保险责任。经劳动能力鉴定委员会鉴定，确定张某劳动功能障碍等级为八级，生活自理障碍等级未达级，停工留薪期6个月。张某向某劳动人事争议仲裁委员会申请仲裁，请求某建筑公司支付八级伤残应享有的工伤保险待遇。某劳动人事争议仲裁委员会予以支持。某建筑公司不服，诉至人民法院。

☞ 裁判结果

审理法院认为，根据《最高人民法院关于审理工伤保险行政案件若干问题的规定》，工伤保险责任的承担并非必须以存在劳动关系作为前提条件。在建筑工程转包给个人的情况下，一旦发生工伤事故，具备用工主体资格的承包人应当承担工伤保险责任。本案中，某建筑公司将案涉工程转包给刘某，刘某招用的张某在施工过程中受伤且已被认定为工伤。虽某建筑公司与张某之间不存在劳动关系，但某建筑公司作为案涉工程的承包人，仍需承担工伤保险责任。在某建筑公司未为张某缴纳工伤保险费的情况下，审理法院判令其向张某支付相应的工伤保险待遇。

☞ 典型意义

工伤保险作为社会保障体系的重要组成部分，对于保障工伤职工的权益、促进社会公平具有重要意义。实践中，有的承包人为了规避直接用工的劳动法义务，将其承包的业务转包、分包给不具备合法经营资格的组织或者个人。此类组织或者个人往往没有足够的能力承担相应的法律责任。《最高人民法院关于审理工伤保险行政案件若干问题的规定》第三条第一款规定:"社会保险行政部门认定下列单位为承担工伤保险责任单位的,人民法院应予支持:……(四)用工单位违反法律、法规规定将承包业务转包给不具备用工主体资格的组织或者自然人,该组织或者自然人聘用的职工从事承包业务时因工伤亡的,用工单位为承担工伤保险责任的单位;……"发生工伤后,劳动者可以向社会保险行政部门申请认定工伤、承包人为承担工伤保险责任的单位。认定工伤后,如果承包人未为劳动者缴纳工伤保险费,劳动者可以要求承包人承担支付工伤保险待遇的责任。本案中,承包人承担支付工伤保险待遇等用工主体责任的规则,既体现了对转包、分包行为的否定性评价,又能够使劳动者在发生工伤后获得及时救济,有利于健全和规范建筑市场秩序,充分保护劳动者的合法权益。

八、关联企业混同用工,人民法院可根据劳动者主张并结合案情认定劳动关系

——王某与某数字公司劳动合同纠纷案

☞ **基本案情**

某数字公司系一人公司,其法定代表人、股东均为梁某。某科技公司的法定代表人为梁某,股东为梁某(持股比例60%)、胡某(持股比例40%)。两公司系关联企业,营业执照记载的经营范围重合。某科技公司发布招聘启事,王某应聘后于2022年8月1日入职并工作至2023年2月22日。工作期间,王某的工作地点悬挂有"某数字公司"名牌,日常工作沟通使用的微信、QQ聊天软件

有"某数字公司"字样。两公司均未与王某订立书面劳动合同、亦未缴纳社会保险费与办理招退工手续,王某工资系通过梁某个人账户发放。王某认为,某数字公司与某科技公司合署办公、业务相同、人员混同,两公司已对其形成混同用工,遂择一向某劳动人事争议仲裁委员会申请仲裁,提出确认其与某数字公司存在劳动关系并支付欠发工资等请求。某劳动人事争议仲裁委员会不予支持。王某不服,诉至人民法院。

☞ **裁判结果**

审理法院认为,某数字公司、某科技公司属关联企业,经营业务存在重合,梁某同时担任两公司股东及法定代表人,王某难以确定实际用人单位。王某虽通过某科技公司名义应聘入职,但是其工作场所张贴有"某数字公司"名牌、工作沟通使用的通讯软件冠以"某数字公司"名称,王某的工作内容包含某数字公司经营业务,其有理由相信是为某数字公司提供劳动。审理法院判决支持王某要求确认与某数字公司存在劳动关系并支付欠发工资等诉讼请求。

☞ **典型意义**

混同用工多发生于关联企业之间。关联企业采取不订立书面劳动合同等方式,人为造成劳动关系归属模糊,并在诉讼中相互推诿,进而达到规避承担用人单位责任的目的。在关联企业对劳动者混同用工但均未订立书面劳动合同的情况下,人民法院主要根据用工管理行为,综合考虑工作时间、工作内容、劳动报酬支付、社会保险费缴纳等因素确认劳动关系。本案中,人民法院根据王某的诉请,结合用工事实,支持其要求确认与某数字公司存在劳动关系等诉讼请求,依法纠正用人单位借混同用工规避义务等违法行为,有利于充分保障劳动者的合法权益、引导用人单位规范用工。

九、劳动者故意不订立书面劳动合同，用人单位不负有支付二倍工资的责任
——冉某与某宾馆、某农旅公司劳动争议案

☞ 基本案情

2018年12月11日，冉某与某康旅公司订立劳动合同，约定合同期限为2018年12月11日至2023年12月10日，职务为财务部负责人。劳动合同到期后，某康旅公司多次通过口头及微信方式通知冉某续订劳动合同，冉某以"公司要解散，不签合同可以拿二倍工资"为由拒绝续订。2024年4月30日，冉某与某康旅公司订立《解除劳动合同协议书》，双方同意解除劳动合同，并确认某康旅公司不拖欠冉某2024年4月30日前的工资及其他报酬。某康旅公司为冉某缴纳社会保险费至2024年4月，为冉某发放的经济补偿计算年限截至日期为2024年4月30日。2024年5月，某康旅公司注销登记，其权利义务由某宾馆承继。某农旅公司系某康旅公司股东。冉某向某劳动人事争议仲裁委员会申请仲裁，提出某宾馆、某农旅公司支付未订立书面劳动合同二倍工资等请求。某劳动人事争议仲裁委员会作出不予受理通知书。冉某不服，诉至人民法院。

☞ 裁判结果

审理法院认为，某康旅公司与冉某的劳动合同到期后，冉某继续工作，某康旅公司仍按照原劳动合同约定支付劳动报酬并为冉某缴纳社会保险费。期间，某康旅公司多次要求与冉某续订书面劳动

合同，但冉某拒绝订立。在冉某故意不订立书面劳动合同的情况下，某康旅公司无需承担支付二倍工资的责任，承继其权利义务的某宾馆及其股东某农旅公司亦不承担责任。审理法院判决驳回冉某有关支付二倍工资等诉讼请求。

☞ **典型意义**

劳动合同法第八十二条规定："用人单位自用工之日起超过一个月不满一年未与劳动者订立书面劳动合同的，应当向劳动者每月支付二倍的工资。用人单位违反本法规定不与劳动者订立无固定期限劳动合同的，自应当订立无固定期限劳动合同之日起向劳动者每月支付二倍的工资。"用人单位未订立书面劳动合同支付二倍工资规则是法律为维护劳动者合法权益、督促用人单位履行法定义务而作出的规定，不应使不诚信者不当获利。本案明确了支付二倍工资规则不适用于劳动者故意不与用人单位订立书面劳动合同的情形，体现鲜明价值导向，制约和惩处违背诚信原则的行为，引导劳动者、用人单位自觉履行法定义务。

十、劳动者负有的竞业限制义务应与其知悉的商业秘密和与知识产权相关的保密事项范围相适应
—— 某甲医药公司与郑某竞业限制纠纷案

☞ **基本案情**

郑某入职某甲医药公司（主要经营生物医药业务），担任生产运营部首席技术官。在职期间，郑某接触过关联公司某乙医药公司

两款药物化学成分生产与控制细节等保密信息。郑某于2021年9月29日提出辞职申请并订立《竞业限制协议》，约定的竞业限制期为24个月。郑某离职后入职某生物公司，担任高级副总裁并告知某甲医药公司。2022年2月，某甲医药公司以某生物公司与该公司均系生物医药公司，两公司存在竞争关系，郑某违反竞业限制约定为由，向某劳动人事争议仲裁委员会申请仲裁，提出郑某支付竞业限制违约金710万元、赔偿损失100万元并返还已支付的经济补偿196185元、继续履行《竞业限制协议》等请求。某劳动人事争议仲裁委员会以超过法定期限为由终结案件审理。某甲医药公司不服，诉至人民法院。

☞ **裁判结果**

审理法院认为，首先，根据立法目的，劳动者的竞业限制范围应限于竞业限制制度保护事项的必要范围之内，应与劳动者知悉的关联方的商业秘密和与知识产权相关的保密事项范围相适应。某甲医药公司与郑某约定的不竞争的主体包括关联公司某乙医药公司。郑某仅接触过某乙医药公司两款药物的保密信息，其负有的不竞争义务应当限于上述两款药物。其次，竞业限制纠纷案件中，有竞争关系的其他用人单位应指能够提供具有较为紧密替代关系的产品或者服务的其他用人单位。就生物医药公司的竞争关系而言，应根据经营的药品适应症、作用机理、临床用药方案等，在判断药品之间可替代性的基础上进行认定。对比郑某入职的某生物公司的产品与某甲医药公司的产品、某乙医药公司的上述两款药物，虽然均包括癌症治疗产品，但从适应症和用药方案上看，不具有可替代性。审理法院据此认定，郑某入职的公司不属于与某甲医药公司或者其关联方经营同类产品、从事同类业务的有竞争关系的其他用人单位，判决驳回某甲医药公司的全部诉讼请求。

典型意义

人才是中国式现代化的基础性、战略性支撑之一。《中共中央关于进一步全面深化改革、推进中国式现代化的决定》提出"完善人才有序流动机制"。劳动合同法规定竞业限制制度,主要是为了保护用人单位的商业秘密和与知识产权相关的保密事项,防止不正当竞争,并不限制人才有序流动。人民法院在审理竞业限制纠纷案件过程中,要衡平好劳动者自主择业与市场公平竞争之间的关系,促进人才有序流动和合理配置。本案中,劳动者属于竞业限制人员。人民法院在双方约定的竞业限制范围包括用人单位关联公司的情况下,将劳动者负有的竞业限制义务限制在劳动者知悉的关联方商业秘密和与知识产权相关的保密事项范围内。同时,在根据当事人申请准许具有专门知识的人到庭,辅助查明相关药物的技术原理、适应症、用药方案以及劳动者新入职单位与原单位经营的产品不具有较为紧密的替代关系的基础上,准确认定两公司没有竞争关系,有效保障高技术人才的有序流动。

十一、劳动者违反在职竞业限制义务约定,应依法承担违约责任

——黄某与某纺织公司竞业限制纠纷案

基本案情

黄某于2020年11月与某纺织公司订立劳动合同,约定其从事布匹销售工作,担任销售经理。2022年6月10日,黄某与某纺织公司订立《保守商业秘密及竞业限制协议》,约定:竞业限制的期限包括

但不限于合同期内及离职后两年内,不得自营或者为他人经营与某纺织公司有竞争的业务;黄某若违反协议约定,某纺织公司有权要求黄某承担违约责任。2022年9月至2022年10月期间,黄某多次自行联系供货商向某纺织公司的客户于某出售布匹,于某共向黄某支付货款122400元。此外,黄某自认,其在订立《保守商业秘密及竞业限制协议》之前也曾自行联系供货商向案外人出售过布匹,销售额为468900元。2022年10月28日,黄某以个人原因为由向某纺织公司提出辞职。某纺织公司向某劳动人事争议仲裁委员会申请仲裁,要求黄某承担违反竞业限制义务的违约责任。某劳动人事争议仲裁委员会作出不予受理通知书。某纺织公司不服,诉至人民法院。

☞ 裁判结果

审理法院认为,黄某与某纺织公司订立《保守商业秘密及竞业限制协议》,约定合同期内不得自营或者为他人经营与某纺织公司有竞争关系的业务,否则应承担相应的违约责任。黄某作为销售经理,掌握客户信息,其与某纺织公司所订协议系双方当事人真实意思表示,内容不违反法律、行政法规的强制性规定,双方均应依约履行。黄某在订立协议后多次自行联系其他供货商向某纺织公司的客户出售布匹,所得货款归己所有,此属于自营与某纺织公司有竞争关系业务的行为,违反了协议约定。审理法院判决黄某依法向某纺织公司承担违约责任。

☞ 典型意义

忠实义务包含竞业限制义务。实践中,竞业限制人员自营或者为他人经营与用人单位有竞争关系的业务,会对用人单位造成较大损害。用人单位为维护自身合法权益,与竞业限制人员以书面协议形式依法约定在职期间负有竞业限制义务的,劳动者应依约履行。

本案中，人民法院判决违反在职期间竞业限制义务的劳动者依法承担违约责任，有利于引导劳动者自觉遵守法律法规、职业道德，不得为了个人利益而牺牲用人单位利益，对于促进用人单位经营发展具有积极作用。

十二、有关不缴纳社会保险费的约定无效，劳动者以此为由解除劳动合同时有权请求用人单位支付经济补偿
——朱某与某保安公司劳动争议案

☞ 基本案情

2022年7月，朱某入职某保安公司，双方约定某保安公司不为朱某缴纳社会保险费，而是将相关费用以补助形式直接发放给朱某。此后，某保安公司未为朱某缴纳社会保险费。朱某认为有关不缴纳社会保险费的约定是某保安公司事先打印好的格式条款，剥夺其法定权利，与现行法律法规相悖，不具有法律效力。朱某以此为由解除劳动合同，向某劳动人事争议仲裁委员会申请仲裁，提出某保安公司支付解除劳动合同经济补偿等请求。某劳动人事争议仲裁委员会未支持朱某有关支付解除劳动合同经济补偿的请求。朱某不服，诉至人民法院。

☞ 裁判结果

审理法院认为，缴纳社会保险费是用人单位和劳动者的法定义务，除法律规定的事由外，不因双方约定而免除，双方有关不缴纳社会保险费的约定无效。某保安公司未依法为朱某缴纳社会保险

费，朱某以此为由解除劳动合同，符合用人单位应当支付经济补偿的法定情形。审理法院判决某保安公司支付朱某解除劳动合同的经济补偿。

☞ **典型意义**

依法参加社会保险是用人单位和劳动者的法定义务。人民法院在本案中明确了用人单位与劳动者有关不缴纳社会保险费的约定因违法而无效的规则。若用人单位与劳动者订立此类协议、以补助等形式发放社会保险费，劳动者可以用人单位未依法缴纳社会保险费为由提出解除劳动合同，用人单位要承担支付经济补偿的责任。此规则有助于督促用人单位通过依法缴纳社会保险费的方式分散用工风险，引导劳动者关注长远利益，充分发挥社会保险制度保障和改善民生的作用。

十三、企业与网约货车司机之间存在用工事实、构成支配性劳动管理的，应当认定存在劳动关系

——某运输公司诉杨某劳动争议案[①]

☞ **基本案情**

杨某在某运输公司从事混凝土运输工作，双方未订立书面劳动

[①] 典型案例十三至十六参见《新就业形态劳动者权益保障典型案例》，载最高人民法院网，https://www.court.gov.cn/zixun/xiangqing/463871.html，最后访问日期：2025年8月18日。

· 200 ·

合同。杨某入职后先通过微信群接受某运输公司派单，后在某平台注册账号绑定该公司，由该公司审批通过之后，通过平台接受该公司派单。某运输公司根据接单数、运输量、是否超时、有无罚款等按月向杨某支付运费报酬。杨某与某运输公司产生争议，申请劳动仲裁，请求确认劳动关系。劳动仲裁裁决杨某与某运输公司存在劳动关系。某运输公司不服仲裁裁决，诉至法院。

☞ 裁判结果及理由

一审法院判决确认杨某与某运输公司存在劳动关系。某运输公司不服，提起上诉。二审法院判决驳回上诉，维持原判。

法院生效裁判认为，本案主要争议焦点为某运输公司与杨某是否存在劳动关系。《中华人民共和国劳动合同法》第七条规定："用人单位自用工之日起即与劳动者建立劳动关系"，据此，人民法院应当根据用工事实认定企业和劳动者的法律关系。而劳动关系的本质特征是支配性劳动管理。本案中，其一，某运输公司确认杨某在某平台注册的账号须选择该公司绑定，并经公司审批。杨某在工作过程中需要服从某运输公司安排，某运输公司存在对杨某进行扣罚等劳动管理行为。杨某对运输任务、运输价格均不具有自主决定权。其二，某运输公司与杨某按月结算工资，某运输公司确认杨某基本每天都有接单，相关运输收入构成杨某主要经济来源。其三，杨某从事的是混凝土运输工作，属于某运输公司的业务组成。综上，某运输公司与杨某之间存在用工事实，构成支配性劳动管理，应当认定双方存在劳动关系。

☞ 典型意义

互联网平台及数字技术要素的加入一定程度上改变了传统劳动管理方式，但未改变劳动管理的性质。参照指导性案例237号"郎溪某服务外包有限公司诉徐某申确认劳动关系纠纷案"裁判要点,支配性劳动管理是劳动关系的本质特征。如何判断存在"支配性劳动管理",可以参照指导性案例237号"郎溪某服务外包有限公司诉徐某申确认劳动关系纠纷案"、指导性案例238号"圣某欢诉江苏某网络科技有限公司确认劳动关系纠纷案"、《最高人民法院关于为稳定就业提供司法服务和保障的意见》(法发〔2022〕36号)第7条、《劳动和社会保障部关于确立劳动关系有关事项的通知》(劳社部发〔2005〕12号)第一条等作出认定。故此,认定企业与网约货车司机之间是否存在劳动关系,应当根据用工事实进行实质审查,综合考量企业是否通过制定奖惩规则等对司机进行劳动管理,司机能否自主决定运输任务、运输价格,劳动报酬是否构成司机主要收入来源,司机从事的运输工作是否属于企业业务有机组成部分等要素,存在用工事实、构成支配性劳动管理的,依法认定双方存在劳动关系。

十四、是否属于新就业形态相关责任保险中的"业务有关工作",应当依据具体理赔情形,结合相关行为对于完成业务工作的必要性等因素综合审查认定

——某餐饮配送公司诉某保险公司责任保险合同纠纷案

☞ **基本案情**

某餐饮配送公司向某保险公司投保雇主责任险,被保险人为某餐饮配送公司,保险金额(每人限额)65万元,雇员工种为外卖骑手,雇员1人"阚某"。保单"特别约定"栏载明,本保单附加

个人第三者责任：承保对被雇佣人员在本保险单有效期内从事本保险单所载明的被保险人业务有关工作时，由于意外或者疏忽，造成被保险人及其雇员以外的第三者人身伤亡或者财产损失的直接实际损失，保障限额40万元。阚某经某餐饮配送公司指派，驾驶电动自行车前往公司定点医院办理健康证明，途中与钱某发生碰撞，致钱某受伤。交警部门认定阚某负事故全部责任，钱某无责。某餐饮配送公司实际赔偿钱某7.1万元后，向某保险公司申请理赔。某保险公司认为，该交通事故未发生在阚某送餐途中，办理健康证明不属于从事"被保险人业务有关工作"，该交通事故赔偿责任不属于保险责任范围，拒绝赔偿。某餐饮配送公司诉至法院，请求判令某保险公司在保险责任范围内赔偿7.1万元。

☞ **裁判结果及理由**

一审法院判决某保险公司赔偿某餐饮配送公司保险金7.1万元。一审判决已经发生法律效力。

法院生效裁判认为，本案主要争议焦点为案涉保险事故是否属于雇主责任险附加个人第三者责任险的保险责任范围，即外卖骑手阚某办理健康证明是否属于保单"特别约定"载明的从事"被保险人业务有关工作"。认定"被保险人业务有关工作"，应当结合被保险人经营范围、劳动者工种、所从事有关工作对于其完成业务工作的必要性以及是否受企业指派等因素综合考量。《中华人民共和国食品安全法》第四十五条规定，从事接触直接入口食品工作的食品生产经营人员应当每年进行健康检查，取得健康证明后方可上岗工作。因此，健康证明是包括餐饮外卖配送人员在内的餐饮工作人员必须办理的证件，是否办理健康证明与外卖骑手主要工作紧密相关，直接影响其后续能否实施接单配送行为。另外，本案中阚某前往定点医院办证亦是受某餐饮配送公司指派。因此，阚某办理健康证明应当属于从事与某餐饮配送公司业务有关工作，在此过程中发生的致人损害事故属于案涉附加个人第三者责任险保险责任范围，某保险公司应当依照保单约定赔付某餐饮配送公司保险金。

☞ **典型意义**

新就业形态劳动者工作时间、工作地点、工作内容相对灵活，司法实践中，认定是否属于相关责任保险中约定的"业务有关工作"，应当依据保险合同约定的具体理赔情形，结合法律规定、企业经营范围、劳动者从业类型、从事有关行为对于完成业务工作的必要性及是否受企业指派等因素综合考量。设置雇主责任险、第三者责任险等商业保险，目的是分散新就业形态劳动者职业伤害和致第三人损害风险，保障劳动者、受害人权益。不论劳动者与企业是否建立劳动关系，企业是否参加新就业形态人员职业伤害保障试点，均鼓励企业通过购买雇主责任险、第三者责任险等商业保险，保障遭受职业伤害的新就业形态劳动者及因劳动者执行工作任务造成损害的第三人，及时获得医疗救治或者经济补偿等，分散平台企业和平台用工合作企业风险，推动新业态经济健康规范发展。

十五、劳动者获得新就业形态人员职业伤害保障待遇后，有权请求第三人依法承担侵权责任

——冯某诉某物业公司身体权纠纷案

☞ **基本案情**

外卖骑手冯某骑行电动自行车进入上海市某小区时，左手持手

机放在车把上，通过进出口处被正在关闭的电动门撞及车辆后部，倒地受伤，经医院诊断为颈部脊髓损伤等。事发后，经某企业服务外包公司申请，上海市某区人力资源社会保障局作出职业伤害确认结论书，载明：冯某受到的事故伤害，符合《新就业形态就业人员职业伤害保障办法（试行）》第十条第一款第一项、《上海市新就业形态就业人员职业伤害保障试点实施办法》第十二条第一款第一项之规定，属于职业伤害确认范围，现予以确认为职业伤害。冯某伤情经上海市某区劳动能力鉴定委员会鉴定为因工致残程度十级。上海市社会保险事业管理中心核定冯某鉴定检测费、一次性伤残补助金，由某保险公司向冯某支付，摘要为"职业伤害保障待遇"。此后，冯某诉至法院，要求该小区物业公司赔偿残疾赔偿金等。

☞ 裁判结果及理由

一审法院判决某物业公司赔偿残疾赔偿金等；某物业公司不服，提起上诉。二审法院判决驳回上诉，维持原判。

法院生效裁判认为，某物业公司在操作电动门时未能为冯某安全通过留下足够时间，致冯某通过时受伤，对损害发生承担主要责任，冯某自身存在未安全操控电动车的行为，对损害发生承担次要责任。根据人力资源社会保障部等十部门《关于开展新就业形态就业人员职业伤害保障试点工作的通知》及《上海市新就业形态就业人员职业伤害保障试点实施办法》等规定，冯某系提供外卖配送劳动并获得报酬的新就业形态人员，其在工作期间受伤，被认定属于职业伤害。职业伤害保障具有社会保险性质，而某物业公司的侵权责任，属于第三人侵权损害赔偿范畴，该两种制度的特点和功能不同。冯某已获得的职业伤害保障待遇赔偿项目为一次性伤残补助金及鉴定检测费，系其基于该市某区劳动能力鉴定委员会鉴定的因职业伤害致残程度十级所获得的赔偿；冯某提起诉讼向侵权人主张残疾赔偿金等，该项侵权赔偿责任不因冯某已获得职业伤害保障待遇而减轻或者免除。综上，依法判定某物业公司承担冯某损害相应比例的赔偿责任，其余部分由冯某自行承担。

☞ **典型意义**

新就业形态人员职业伤害保障试点工作开展以来，劳动者权益保障水平进一步提高，平台企业经营风险有效分散，凸显社会保险制度的兜底性。党的二十届三中全会通过的《中共中央关于进一步全面深化改革、推进中国式现代化的决定》提出，健全灵活就业人员、农民工、新就业形态人员社保制度。下一步，将推动健全新就业形态人员社保制度，扩大新就业形态人员职业伤害保障试点范围，进一步保障"职有所安"。处理涉及新就业形态人员职业伤害保障待遇与新就业形态劳动者损害赔偿案件时，应当充分考虑新就业形态人员职业伤害保障的制度功能，案件处理结果应当与有关试点制度安排相向而行。

参照《最高人民法院关于审理人身损害赔偿案件适用法律若干问题的解释》第三条"依法应当参加工伤保险统筹的用人单位的劳动者，因工伤事故遭受人身损害，劳动者或者其近亲属向人民法院起诉请求用人单位承担民事赔偿责任的，告知其按《工伤保险条例》的规定处理；因用人单位以外的第三人侵权造成劳动者人身损害，赔偿权利人请求第三人承担民事赔偿责任的，人民法院应予支持"之规定，参加新就业形态人员职业伤害保障统筹的劳动者，因执行工作任务受到损害的，按相关职业伤害保障试点规定处理；因企业以外的第三人侵权造成劳动者损害，劳动者请求第三人承担民事赔偿责任的，人民法院应予支持。具体赔偿项目上，本案的一次性伤残补助金和残疾赔偿金，属于涉及身体、健康、生命权益等受到损害无法用金钱衡量的赔偿项目,不能以受害人获得一次性伤残补助金减轻或者免除第三人应承担的残疾赔偿金。

十六、新就业形态劳动者执行工作任务致人损害,相关商业保险属责任保险的,受害人可以依法在侵权责任纠纷中一并向保险人主张赔付

——陈某诉张某、某物流公司、某保险公司等非机动车交通事故责任纠纷案

☞ 基本案情

某物流公司经授权在特定区域内经营某订餐平台的即时配送业务。张某经某物流公司同意注册为某订餐平台的骑手,接受该物流公司指派的订单配送任务,并由该公司发放工资。某物流公司作为投保人、被保险人在某保险公司处投保雇主责任险,含"配送人员意外险及个人责任保险",雇员名称为张某。张某通过某订餐平台接单,驾驶电动自行车送餐途中,与陈某发生碰撞致陈某骨折。陈某诉至法院,请求判令张某、某物流公司、某保险公司赔偿医疗费、住院伙食补助费、残疾赔偿金等。

☞ 裁判结果及理由

一审法院判决某保险公司赔偿陈某保险金,不足部分由某物流公司赔付。一审判决已经发生法律效力。

法院生效裁判认为,《中华人民共和国保险法》第六十五条规

定,"保险人对责任保险的被保险人给第三者造成的损害,可以依照法律的规定或者合同的约定,直接向该第三者赔偿保险金。""责任保险是指以被保险人对第三者依法应负的赔偿责任为保险标的的保险。"某物流公司投保的雇主责任险所包括的"个人责任保险",保障范围是骑手造成的第三者损失,以骑手或其用工单位等被保险人对第三者依法应负的赔偿责任为保险标的,属于明确的财产保险中责任保险类别。依据前述规定,保险人可以直接向该第三者赔偿保险金。从减轻各方当事人诉累、发挥保险化解社会矛盾纠纷功能考虑,判令某保险公司在本案中直接向陈某赔偿保险金。

关于保险赔偿金不足部分的赔偿义务主体。根据张某在某订餐平台的骑手基础档案信息载明其所在的"代理商"为某物流公司,某物流公司向张某发放工资等事实,应当认定张某接受某物流公司劳动管理,交通事故发生时张某系执行某物流公司工作任务;某物流公司对保险赔偿金不足部分向陈某承担赔偿责任。

☞ **典型意义**

外卖骑手执行工作任务造成第三者损害,企业购买了商业第三者责任保险,当事人请求将承保商业保险的保险公司列为共同被告的,人民法院应予准许;保险法规定或者保险合同约定的受害方直接向保险人请求赔偿的条件已成就的,人民法院应当判令保险公司直接承担赔偿责任,以更好发挥保险化解社会矛盾纠纷功能,及时有效保障受害人合法权益。保险赔偿金不足部分,受害人依据《中华人民共和国民法典》第一千一百九十一条第一款、《最高人民法院关于适用〈中华人民共和国民法典〉侵权责任编的解释(一)》第十五条第一款,请求指派工作任务的企业承担侵权责任的,人民法院应予支持;企业有证据证明劳动者致人损害的行为与执行工作任务无关的除外。

十七、工伤职工能否根据诊断证明书主张延长停工留薪期[①]

☞ 基本案情

彭某系某城建公司职工，该公司为彭某缴纳了工伤保险费。2021年10月，彭某在拆迁工作中受伤并住院治疗。后彭某被认定为工伤，停工留薪期为12个月，期间某城建公司按照法律规定按月向其支付停工留薪期工资。2022年9月起，某城建公司多次通过书面、电话、微信等方式通知彭某，如需延长停工留薪期，应提供有关材料并经劳动能力鉴定委员会现场鉴定后确认。但彭某一直不予配合，仅提交了某医院出具的"建议2022年11月至2023年1月继续病休"的诊断证明书，且拒绝与某城建公司人事经理沟通。2022年11月起，某城建公司以停工留薪满期为由开始向彭某发放病假工资。2023年2月，彭某向劳动人事争议仲裁委员会（以下简称仲裁委员会）申请仲裁。

☞ 申请人请求

请求裁决某城建公司按照停工留薪期工资标准支付2022年11月至2023年1月期间的工资差额。

☞ 处理结果

仲裁委员会裁决：驳回彭某的仲裁请求。

[①] 典型案例十七至二十一参见《劳动人事争议典型案例（第四批）》，载最高人民法院网，https://www.court.gov.cn/zixun/xiangqing/462311.html，最后访问日期：2025年8月18日。

☞ 案例分析

本案的争议焦点是仅凭医院诊断证明书，能否延长工伤职工停工留薪期。

《中华人民共和国社会保险法》第三十九条第一项规定："因工伤发生的下列费用，按照国家规定由用人单位支付：（一）治疗工伤期间的工资福利"。《工伤保险条例》（中华人民共和国国务院令第375号）第三十三条规定："职工因工作遭受事故伤害或者患职业病需要暂停工作接受工伤医疗的，在停工留薪期内，原工资福利待遇不变，由所在单位按月支付。停工留薪期一般不超过12个月。伤情严重或者情况特殊，经设区的市级劳动能力鉴定委员会确认，可以适当延长，但延长不得超过12个月"。《工伤职工劳动能力鉴定管理办法》（人力资源社会保障部、国家卫生和计划生育委员会令第21号）第十一条规定："工伤职工应当按照通知的时间、地点参加现场鉴定"。从上述规定可知，停工留薪期是《中华人民共和国社会保险法》及《工伤保险条例》规定的工伤职工暂时停止工作进行治疗并享受相应工伤保险待遇的期限，一般不超过12个月，职工的伤情严重或者情况特殊需要更长保障时间的，经设区的市级劳动能力鉴定委员会确认，可以适当延长。这种制度设计既确保工伤职工在治疗期间得到相应保障，也能够避免工伤职工"小伤大养"损害企业合法权益的情况。

本案中，因彭某不配合提交有关材料、进行现场鉴定，其未经当地市级劳动能力鉴定委员会确认延长停工留薪期，故其应当享受的停工留薪期已于2022年10月期满。因此，某城建公司不再按照停工留薪期工资标准支付其工资福利待遇的做法并无不妥，仲裁委员会对彭某的仲裁请求不予支持。

☞ **典型意义**

停工留薪期是保障工伤职工权利的重要制度设计，此期间的工资福利待遇是工伤职工受伤后赖以维持自身及家庭生活的主要资金来源，能否依法享受对工伤职工非常重要。需要强调的是，停工留薪期与医疗机构认定的需脱产治疗休息的期间并不是同一概念。后者由医疗机构根据工伤职工的具体伤情判断；前者具有统一上限，能否延长应由法定专门机构按照法定程序确认。工伤职工伤情严重或者情况特殊需要延长停工留薪期的，应当严格遵守《工伤保险条例》第三十三条规定的程序向设区的市级劳动能力鉴定委员会申请确认，而不能仅凭医疗机构出具的诊断证明书自行延长。同时，用人单位也应当建立合理的请假审批制度，明确相关管理流程，确保双方及时、有效沟通。

十八、用人单位能否因女职工怀孕调岗降薪

☞ **基本案情**

赵某于 2022 年 1 月入职某科技公司任工程师，双方订立的劳动合同约定：工作期间分为参与具体项目期间与等待项目期间，其中参与具体项目期间赵某的月工资构成为基本工资 3000 元（高于当地最低工资标准）加项目岗位津贴 14000 元；等待项目期间赵某仅领取基本工资。2023 年 2 月，赵某告知某科技公司其怀孕事实，某科技公司未与赵某沟通协商便直接向赵某所在的项目组宣布"赵某退出所在项目组"，赵某反对无果后未再上班。此后，某科技公司主张赵某未参与项目并按照 3000 元/月的标准支付赵某孕期工资。赵某向仲裁委员会申请仲裁。

☞ 申请人请求

请求裁决某科技公司按照 17000 元/月的标准补齐孕期工资差额。

☞ 处理结果

仲裁委员会裁决：某科技公司按照 17000 元/月的标准补齐赵某孕期工资差额。

☞ 案例分析

本案的争议焦点是用人单位能否因为女职工怀孕调岗降薪。

《中华人民共和国妇女权益保障法》第四十八条第一款、《女职工劳动保护特别规定》（中华人民共和国国务院令第 619 号）第五条明确规定用人单位不得因怀孕降低女职工的工资和福利待遇。《女职工劳动保护特别规定》第六条规定："女职工在孕期不能适应原劳动的，用人单位应当根据医疗机构的证明，予以减轻劳动量或者安排其他能够适应的劳动"，明确"减轻劳动量或者安排其他能够适应的劳动"的前提是"女职工在孕期不能适应原劳动"。因此，如果孕期女职工能够适应原劳动的，用人单位应当尊重并保护女职工的劳动权利。

本案中，某科技公司要求赵某退出所在项目的行为，既不符合双方劳动合同约定的等待项目期间的情形，也未征求赵某本人的同意，更未经医疗机构证明赵某存在"不能适应原劳动"的情形，属于违反《女职工劳动保护特别规定》第六条规定，变相调整孕期女职工岗位的情形。该公司以赵某未参与项目为由降低赵某孕期工资标准，违反了《中华人民共和国妇女权益保障法》第四十八条第一款、《女职工劳动保护特别规定》第五条的规定，因此仲裁委员会依法裁决某科技公司按照赵某原工资待遇 17000 元/月的标准补齐赵某的孕期工资差额。

典型意义

党的二十大报告提出完善劳动者权益保障制度、保障妇女儿童合法权益等要求,我国多部法律法规对保护女职工劳动权利与身心健康作出了特别规定。实践中,用人单位在开展日常用工管理时应注意依法保护女职工尤其是孕期、产期、哺乳期(以下简称"三期")女职工的合法权益,不能通过变相调整工作岗位、提升工作强度等方式侵害"三期"女职工的劳动权利,也不能违法降低"三期"女职工的工资及福利待遇。同时,女职工也应科学评估自身身体状况,正确看待不能适应原劳动等特殊情形,积极与用人单位沟通,合理维护自身合法权益。

十九、病亡职工的遗属能否以未依法缴纳社会保险费为由要求用人单位补足抚恤金

基本案情

2016年6月,刘某松入职某出租车公司,双方劳动合同约定刘某松工作岗位为司机,劳动合同期限自2016年6月2日至2022年3月31日。2021年8月20日,刘某松因病死亡。经查询,刘某松基本养老保险累计实际缴费年限为4年2个月,个人缴费金额合计13766.64元。2017年5月至2018年5月期间,某出租车公司未按照《中华人民共和国社会保险法》规定为刘某松缴纳社会保险费。因该期间社会保险断缴导致刘某松遗属张某欣、张某颖、张某萍无法领取的抚恤金差额为36633.36元。张某欣、张某颖、张某萍向仲裁委员会申请仲裁,请求:某出租车公司支付非因工死亡抚恤金

差额36633.36元。后张某欣、张某颖、张某萍不服仲裁委员会裁决，向人民法院提起诉讼。

☞ 原告请求

张某欣、张某颖、张某萍起诉请求某出租车公司支付非因工死亡抚恤金差额36633.36元。

☞ 处理结果

人民法院判决：某出租车公司向张某欣、张某颖、张某萍支付非因工死亡的抚恤金差额36633.36元。

☞ 案例分析

《中华人民共和国社会保险法》第十七条规定"参加基本养老保险的个人，因病或者非因工死亡的，其遗属可以领取丧葬补助金和抚恤金"。当地规定，根据本人的缴费年限确定抚恤金的发放月数，缴费年限满5年不满10年的，发放月数为6个月；累计缴费年限不满5年的，其遗属待遇标准不得超过其个人缴费之和。本案中，某出租车公司未依法为刘某松缴纳2017年5月至2018年5月期间的社会保险费，致使张某欣、张某颖、张某萍无法按照缴费年限满5年领取6个月的抚恤金，只能领取刘某松个人缴费的13766.64元，因此，某出租车公司应支付抚恤金差额部分。

☞ 典型意义

国家建立社会保险制度，保障公民在年老、疾病、工伤、失业、生育等情况下依法从国家和社会获得物质帮助的权利。用人单位依法为劳动者缴纳社会保险费，是劳动者享受社会保险待遇的前提条件之一。劳动者因病或者非因工死亡，因用人单位未依法缴纳社会保险费导致劳动者遗属少领取抚恤金等待遇的，用人单位应依法赔偿差额损失。

二十、劳动者自行承担用人单位应缴未缴的社会保险费的，用人单位应否承担赔偿责任

☞ 基本案情

李某与某公司存在劳动关系。劳动关系存续期间内，某公司仅为李某缴纳了工伤保险费，李某自行承担了用人单位应缴未缴的社会保险费用。李某向仲裁委员会申请仲裁，请求某公司支付用人单位应负担的社会保险费。后李某不服仲裁裁决，向人民法院提起诉讼。

☞ 原告请求

李某起诉请求某公司赔偿用人单位应负担部分的社会保险费损失。

☞ 处理结果

人民法院判决：某公司支付李某社会保险费损失。

☞ 案例分析

用人单位应当按照《中华人民共和国社会保险法》相关规定为劳动者缴纳社会保险费。用人单位未按照国家规定为劳动者缴纳社会保险费，劳动者自行代用人单位承担部分系劳动者的损失，可向用人单位主张损失赔偿。本案中，某公司应赔偿李某劳动关系存续期间用人单位应缴未缴的社会保险费损失。

☞ 典型意义

社会保险费是社会保险基金的主要来源，用人单位能否按时足

额缴纳社会保险费，关系到社会保险基金的安全和有效运行，关系到劳动者的劳动权益保障。《中华人民共和国社会保险法》第六十条第一款规定："用人单位应当自行申报、按时足额缴纳社会保险费，非因不可抗力等法定事由不得缓缴、减免。职工应当缴纳的社会保险费由用人单位代扣代缴，用人单位应当按月将缴纳社会保险费的明细情况告知本人"。用人单位不依法为劳动者缴纳社会保险费属于违法行为，应当承担相应的法律责任。

二十一、主体不适格，竞业限制条款是否有效

☞ 基本案情

某保安公司主营业务是给商业楼宇、居民小区提供安全保卫等服务。2019年3月，某保安公司招聘李某担任保安，双方订立期限为2年的劳动合同，工资为3500元/月。劳动合同约定保安的主要职责为每日到某商业楼宇街区开展日常巡逻安保工作，同时内附竞业限制条款，约定"职工与某保安公司解除或终止劳动合同后1年内不得到与该公司有竞争关系的单位就职，职工离职后某保安公司按月支付当地最低月工资标准的30%作为竞业限制经济补偿。职工若不履行上述义务，应当承担违约赔偿责任，违约金为20万元"。2021年3月，双方劳动合同到期终止，李某未续订劳动合同并入职另一家保安公司担任保安。某保安公司认为李某去其他保安公司担任保安违反竞业限制约定；李某认为自己作为保安，不了解也不掌握公司的商业秘密，自己不是履行竞业限制义务的适格主体。某保安公司向仲裁委员会申请仲裁。

☞ **申请人请求**

请求裁决李某支付竞业限制违约金。

☞ **处理结果**

仲裁委员会裁决:驳回某保安公司的仲裁请求。

☞ **案例分析**

本案的争议焦点是李某是否为履行竞业限制义务的适格主体。《中华人民共和国劳动合同法》第二十三条第一款规定:"用人单位与劳动者可以在劳动合同中约定保守用人单位的商业秘密和与知识产权相关的保密事项",第二款规定:"对负有保密义务的劳动者,用人单位可以在劳动合同或者保密协议中与劳动者约定竞业限制条款,并约定在解除或者终止劳动合同后,在竞业限制期限内按月给予劳动者经济补偿。劳动者违反竞业限制约定的,应当按照约定向用人单位支付违约金",第二十四条第一款规定:"竞业限制的人员限于用人单位的高级管理人员、高级技术人员和其他负有保密义务的人员"。前两条款正向规定用人单位有权利与"负有保密义务的劳动者"约定离职后竞业限制条款,后一条款反向限定竞业限制的人员范围仅限于"高级管理人员、高级技术人员和其他负有保密义务的人员"。因此,用人单位与"高级管理人员、高级技术人员"以外的其他劳动者约定竞业限制条款,应当以该劳动者负有保密义务为前提,即劳动者在用人单位的职务或岗位足以使他们知悉用人单位的商业秘密和与知识产权相关的保密事项。

本案中,李某的主要职责为每日到商业楼宇街区开展日常巡逻安保工作,其所在的保安岗位明显难以知悉某保安公司的商业秘密和与知识产权相关的保密事项,某保安公司亦无证据证明李某具有接触公司商业秘密等保密事项的可能,因此李某不是竞业限制义务的适格主体。某保安公司与李某约定竞业限制条款，不符合《中华人民共和国劳动合同法》第二十三条、第二十四条关于竞业限制义务适格主体的规定。因此，竞业限制条款对双方不具有约束力，对某保安公司要求李某支付竞业限制违约金的请求，仲裁委员会不予支持。

☞ **典型意义**

竞业限制是在劳动立法中保护用人单位商业秘密的一项制度安排，本意是通过适度限制劳动者自由择业权以预防保护用人单位的商业秘密，进而维护市场主体的公平竞争环境。但当前一些行业、企业出现了用人单位滥用竞业限制条款限制劳动者就业权利的情况，侵害了劳动者合法权益，影响了人力资源合理流动，损害了正常的营商环境。各级裁审机构在处理竞业限制争议时应当坚持统筹处理好促进企业发展和维护职工权益关系的原则，对竞业限制条款进行实质性审查，既要保护用人单位的商业秘密等合法权益，又要防止因不适当扩大竞业限制范围而妨碍劳动者的择业自由；既要注重平衡市场主体的利益关系，又要维护公平竞争的市场经济秩序，最大限度地实现竞业限制制度的设立初衷。

图书在版编目（CIP）数据

中华人民共和国劳动法：问答普及版 / 中国法治出版社编. -- 北京：中国法治出版社，2025.8. -- ISBN 978-7-5216-5314-4

Ⅰ. D922.5

中国国家版本馆 CIP 数据核字第 2025ZD7550 号

责任编辑：李宏伟　　　　　　　　　　　　封面设计：杨鑫宇

中华人民共和国劳动法：问答普及版
ZHONGHUA RENMIN GONGHEGUO LAODONGFA：WENDA PUJIBAN

经销/新华书店
印刷/三河市紫恒印装有限公司
开本/880 毫米×1230 毫米　32 开　　　　　印张/7.5　字数/139 千
版次/2025 年 8 月第 1 版　　　　　　　　　2025 年 8 月第 1 次印刷

中国法治出版社出版
书号 ISBN 978-7-5216-5314-4　　　　　　　定价：25.00 元

北京市西城区西便门西里甲 16 号西便门办公区
邮政编码：100053　　　　　　　　　　　　传真：010-63141600
网址：http：//www.zgfzs.com　　　　　　编辑部电话：010-63141804
市场营销部电话：010-63141612　　　　　　印务部电话：010-63141606

（如有印装质量问题，请与本社印务部联系。）